国家出版基金项目
NATIONAL PUBLICATION FOUNDATION

农村幼儿园保育教育指导丛书

农村幼儿园管理

梁慧娟 编著

教育科学出版社
·北京·

前　言

当前，我国农村学前教育事业发展面临着资源不足和质量不高两大严峻挑战。为应对这些挑战，我国政府先后颁布了《国家中长期教育改革和发展规划纲要（2010—2020年)》《国务院关于当前发展学前教育的若干意见》《中央财政支持学前教育发展资金管理办法》等一系列支持农村学前教育改革与发展的重要政策，明确提出"基本普及学前教育"的战略目标和"重点发展农村学前教育"的发展任务，先后启动两轮"学前教育三年行动计划"。

在这些政策的有力推动下，我国广大农村地区兴建了大批乡镇中心幼儿园和村幼儿园，有效缓解了农村幼儿入园难的问题。但与此同时，农村学前教育事业发展仍面临很多亟待解决的突出问题，如中西部农村，特别是连片特困地区，入园率较低；留守儿童入园问题仍然没有得到妥善解决；农村幼儿园硬件建设已标准化，但保教质量仍然不高；幼儿园"小学化"现象依旧普遍；农村师资数量依旧不足，专业素质亟待提高；农村幼儿园服务家长和社区的意识仍比较薄弱。

上述问题的存在，对农村幼儿园管理水平以及保教质量的有效提高都产生了重大影响。农村幼儿园承担着农村学前教育事业普及、提高、发展的重任。农村幼儿园保教质量的提高，离不开高质量的农村幼儿园管理水平。农村幼儿园要根据我国社会主义新农村建设的要求和农村学前教育事业的发展变化，及时调整农村幼儿园的办园目标和理念，将目标定位和办园理念的变化有效贯彻到农村幼儿园管理的各项具体工作中。

本书根据农村幼儿园园长管理的实践需求，对农村幼儿园管理的基本内容做了取舍。本书谈及的农村幼儿园管理包括以下内容：农村幼儿园行政管理、农村幼儿园保教工作管理、农村幼儿园班级管理、农村幼儿园人力资源管理和农村幼儿园家长、社区工作管理。全书包括如下六章。

第一章为农村幼儿园行政管理，主要介绍农村幼儿园的行政组织设置、规章制度建设、财务与设施设备管理等内容。

第二章为农村幼儿园保教工作管理，主要介绍农村幼儿园保教工作的组织和安排、保教工作管理的内容和过程以及教研工作的管理等内容。

第三章为农村幼儿园班级管理，主要介绍农村幼儿园班级管理的目标与策略、班级日常生活管理和班级学习环境管理等内容。

第四章为农村幼儿园师资队伍管理，主要介绍农村幼儿园师资队伍管理的基本思路与原则，探讨了当前农村幼儿园师资队伍中三支重要力量（新入职教师、转岗教师、非在编教师）的管理问题。

第五章为农村幼儿园家长、社区工作管理，主要介绍农村幼儿园家长工作的目标、内容、途径与方式，农村幼儿园社区工作的目标、内容、策略与方法等内容。

第六章为农村幼儿园领导者，主要介绍农村幼儿园园长的任职资格、素质要求、领导职责和工作要点等内容。

在编写体例上，本书突出内容的可操作性，在每章对农村幼儿园管理相关问题进行理论阐述的基础上，设置了"案例""分析""提示""延伸阅读"和"思考"五个板块，意在通过实践案例的呈现与分析、关键管理经验的提示、相关知识的提供与问题思考，帮助农村幼儿园园长深入领会管理理论在实践中的有效运用，从而不断提高管理水平。

　　本书是教育科学出版社策划出版的"农村幼儿园保育教育指导丛书"中的一本，力求满足当前我国广大农村幼儿园园长的实践需要。由于本人能力所限，书中存在很多疏漏，恳请广大读者批评指正。

梁慧娟

2015 年 11 月

目　录

第五章　农村幼儿园家长、社区工作管理　136

第六章　农村幼儿园领导者　166

第一章
农村幼儿园行政管理

农村幼儿园行政管理是为农村幼儿园保育教育创造条件的工作，指农村幼儿园管理的基本状态和实务工作，包括农村幼儿园的行政组织设置与人员配备、规章制度建设、财务管理、设施设备管理等。

第一节
农村幼儿园的行政组织

一、农村幼儿园行政组织设置的原则和依据

行政管理是相对行政组织而言的。农村幼儿园行政组织设置，是指农村幼儿园通过建立适宜的机构和活动规则，确定领导关系和职权分工，将农村幼儿园拥有的人力、物力等组织起来，形成组织机构系统。农村幼儿园行政组织设置应该既能维系这种人群集合体的内部关系，又能与外部特定机构与社会系统相联系，从而比较好地实现任务目标。

农村幼儿园的行政组织设置要做到合理有效，一方面必须遵循行政组

织设置的基本原则，另一方面还要考虑农村幼儿园的内外环境、条件，如国家和地方各级教育行政部门的有关规定、行政组织与上级行政部门的关系、农村幼儿园自身条件与工作任务等实际状况。

（一） 农村幼儿园行政组织设置的原则

1. 任务目标原则

无论什么行政组织，均有各自特定的任务目标。换言之，行政组织的建立和设置，是为了实现一定的任务和目标。因此，农村幼儿园行政组织设置首先要满足实现行政组织任务目标的需要。管理者要确立行政组织的奋斗目标和总任务，使全体成员明了并接受，具体分清行政组织应办的事是什么、有多少，由此决定行政组织的设置、职务和人员安排。管理者通常要将行政组织的总目标分解为若干具体目标，坚持以事为中心、因事设职、因职设岗、先组织后人事的原则。

2. 分工协作原则

农村幼儿园要在把握行政组织总目标的基础上，按照分工协作的要求设置各个部门，安排各项工作，使各级各类部门和人员各自有目标，相互协调配合。如根据农村幼儿园的保教任务，农村幼儿园设立教养、保健、总务三个职能部门，配备相应人员，做到既有专业分工，又明确相互之间的关系、联系，相互配合协调，共同实现行政组织的总目标。

3. 责权一致原则

责权关系的设计和实施是发挥行政组织职能的关键。分工意味着明确各自的责任和应尽的义务，使各部门、各成员知道自己要做的事是什么。行政组织的各岗位、各部门要做到职责清楚、责任分明。行政组织要通过委职授权，赋予各部门、各岗位相应的权力和利益，做到在一定的职位或岗位上，有一定的权力，负一定的责任，得一定的利益，这样才能真正让成员负起责任。

4. 有效跨度原则

管理跨度或范围是指管理者直接领导的下级人数，它与管理层次有关。每个管理者直接指挥和协调的下属人员是有限度的，若超过一定数量，就不可能进行有效管理。因此，行政组织必须划分管理层次，逐级分层进行管理，减少每一级的管理跨度或范围。管理层次的增多，也会造成人力、物力的增加，产生上下联系渠道的加长、信息传递复杂化。这样，行政组织需要通过有效的分级管理，达到宽度适当、层次合理、集中领导、分层管理。

5. 统一指挥、统一意志原则

农村幼儿园应建立良好的指挥系统，使行政组织严密合理、指挥线路清晰、联系渠道畅通，既实行分工负责、分级分层管理，又集中统一指挥、协调步调、统一意志，使农村幼儿园成为战斗力强的有机整体。

以上原则相互联系，相互制约。农村幼儿园管理者要通过行政组织系统，对全体成员进行指挥、协调、激励和教育。

（二）农村幼儿园行政组织设置的依据

1. 依据国家和地方各级教育行政部门的相关政策要求

国家和地方各级教育行政部门通过法律和行政法规等管理和调控各类教育机构。因此，农村幼儿园必须掌握国家和地方各级教育行政部门的有关文件内容与精神，作为农村幼儿园开办和管理的根本依据。

如《幼儿园管理条例》规定了开办幼儿园的基本条件、审批程序以及幼儿园的行政事务，《幼儿园工作规程》对幼儿园的招生、编班做出了基本规定，《幼儿园教育指导纲要（试行）》对幼儿园教育的内容与要求以及组织实施等提出了具体要求。

此外，农村幼儿园行政组织设置还应遵照主办单位和上级主管部门的要求，接受主办单位和上级主管部门的领导，明确上下层级的职权范围和相互关系。

2. 依据农村幼儿园的自身实际

农村幼儿园行政组织设置还应考虑幼儿园内部环境和工作需要，从农村幼儿园的规模大小、服务时间长短等情况来设置机构，同时从机构所处的环境位置、自然地理条件以及农村幼儿园拥有的物质、资金、人员状况等具体条件出发，整体考虑机构建设。

案例

自从 A 园被授予某市"以园为本教研制度建设实验基地"以来，A 园就加大了园本教研的力度。一个周二的上午，园本教研活动刚刚结束，会议室传来一阵喧闹声，原来是万老师情绪激动地推门而入。园长请她坐下，安静地听完她的牢骚和抱怨。为了确定一个公开活动的内容，她与副园长产生了分歧。万老师是 A 园的骨干教师，教学能力强，遇事爱较真儿，要她改变主意比较困难。副园长业务能力强，办事认真，是园长的得力助手。园长听完万老师的想法，觉得有道理，比副园长考虑周全，当即表示支持，还告诉万老师，有困难可以随时来找自己。万老师满意地离开了，可园长心里还在打鼓："安抚了万老师，副园长那边怎么办？否定了她的想法，也没跟她商量，这样合适吗？到底该支持谁呢？"

摘自：文红欣. 幼儿园组织与管理 [M].
北京：教育科学出版社，2012：66.

分析

案例中，园长的做法违背了管理组织原则中"统一指挥、统一意志"

的原则，其方法是不适宜的。园长没有和副园长沟通，就同意了万老师的做法，这样做可能会导致如下后果。首先，对副园长在教师中的威信造成不良影响。副园长在园内各项保教工作的开展中发挥着重要作用，没有了威信，就很难再有效地组织各项工作。其次，园长的做法容易被副园长误解，导致副园长工作积极性受挫，也会影响到今后的工作。最后，园长的态度会在教师中形成消极暗示，让教师误认为以后如果和某位领导意见不合，直接找园长就可以解决。这样一来，园长的工作压力会加大，也会对园长与其他园领导之间的关系造成威胁。

提 示

在设置农村幼儿园的行政组织机构时，应考虑以下几个要素。一是行政组织的共同目标。行政组织目标决定行政组织机构的设置，合理高效的行政组织机构又是实现行政组织目标的重要保障。二是纵向的等级系统。包括权力的层级系统和职责的划分。在农村幼儿园中，从决策层的园长、副园长到中层管理人员的部门主任再到基层职能部门的工作人员和保教人员，各层级之间应建立严密的上下级关系。上级管理和指导下级，下级接受上级的管理。三是横向的专业部门划分。行政组织任务和目标按照工作程序和特点分到平行的各个部门，各部门工作各有侧重，又彼此相联系，通过分工协作，共同完成农村幼儿园的双重任务。四是协调机制。在农村幼儿园的行政组织机构中，层级、部门关系纵横交错。为了保证各层级、各部门之间的高效配合和合作，行政组织机构必须有相应的协调机制和明确的活动规则，包括规章制度、沟通网络和相关程序等。

------------------------------ **延 伸 阅 读** ------------------------------

幼儿园的正式组织与非正式组织

幼儿园和其他组织一样，也可以划分为正式组织和非正式组织。

正式组织，是根据一定社会组织的目标和章程而建立起来的系统，是实现组织目标的载体，是组织成员长时间置身其中、作用明显而且直接的社会群体。正式组织有明确的上下级关系，有严肃的公事往来，有必需的协作关系。幼儿园的行政组织和非行政组织本质上都属于正式组织。

非正式组织，是指在正式组织内部，由于部分成员的性格相投、兴趣相近而在交往过程中形成的比一般同事关系更密切的朋友关系，是某种意义上的"小团体"。非正式组织不受行政部门和管理层次的限制，但内部也有特定的组织关系结构，有权威人物和约定俗成的共同行为方式。在很多情况下，非正式组织对幼儿园管理的影响非常深刻，应该引起管理者的重视。

摘自：文红欣. 幼儿园组织与管理 [M].

北京：教育科学出版社，2012：67－68.

二、农村幼儿园行政组织系统与人员配备

（一）农村幼儿园的行政组织系统

农村幼儿园的行政组织系统是指依据学前教育的基本特点和程序、行政组织管理的规律而组成的相互分工合作的层级、部门和个人系统。它是为实现特定的学前教育目标，根据一定的原则而构建起来的。一般地，农村幼儿园的行政组织系统的设置如下。

农村幼儿园行政组织的核心人物是园长，由园长主持园务委员会。园务委员会的主要职责是讨论贯彻各级教育行政部门关于教育工作的方针、政策，坚持社会主义办园方向，研究决定农村幼儿园工作的重大问题，它是农村幼儿园的决策指挥层。园务委员会一般下设保健组、保教组与总务组，这是根据农村幼儿园的工作性质和职能分工来设立的职能组织。它们的职责是贯彻执行决策，从各方面创造和改善幼儿生活、活动和教育所需

的环境条件，负责卫生保健工作，组织保教工作，提供业务指导。班级是农村幼儿园的基层组织单位，在园长、保教主任和相应管理部门的领导下，承担保育和教育幼儿的责任和其他的具体工作职责。

农村幼儿园行政组织设置的唯一标准，是要有利于农村幼儿园管理职能的发挥。因此，农村幼儿园应该建立健全的行政组织系统，这是行使管理职能的组织保证。农村幼儿园行政组织应层次适宜，各部门工作内容充实，形成运转高效灵活的管理体系，从而为保教工作提供有效服务。

不同类型、不同规模的农村幼儿园，在机构设置、职能部门划分和人员配备上有所不同。各个农村幼儿园的自身实际条件及人员素质状况等方面在客观上也存在着差异，因而农村幼儿园行政组织系统的建立也存在不同，不能搞"一刀切"。以下是几种典型的农村幼儿园行政组织系统结构图。

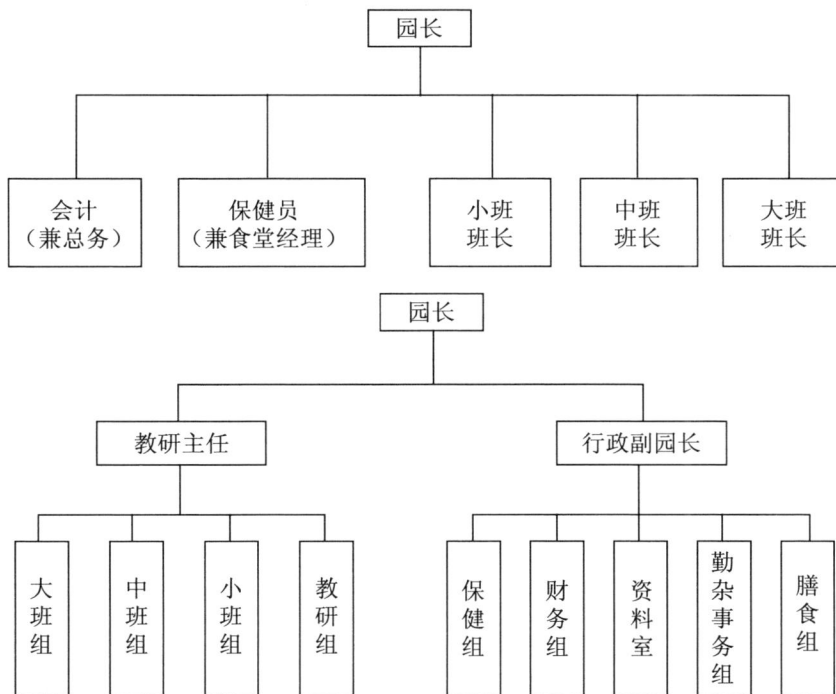

图 1-1　农村幼儿园行政组织系统结构图

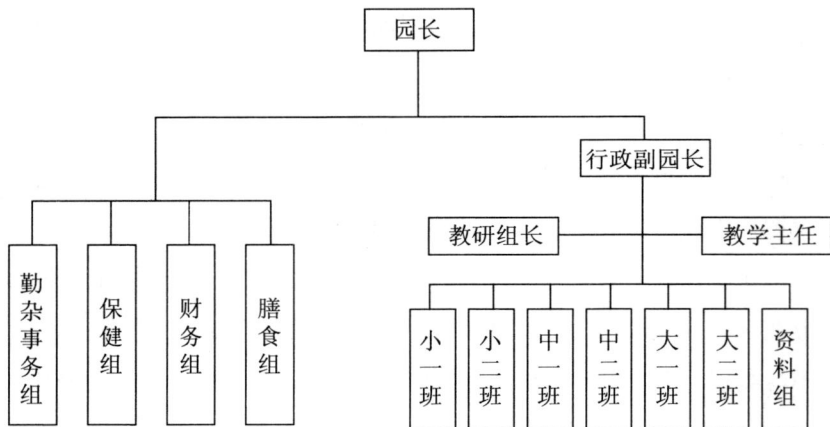

图 1－1（续）　农村幼儿园行政组织系统结构图

（二）　农村幼儿园的人员配备

人员配备是行政组织建设的一项重要内容。农村幼儿园要注意选拔适宜的人选担当各部门负责人和班组长，形成保教与管理的骨干力量。在全园人员的任用上，要考虑人员配备的均衡，尽可能压缩非保教人员，以保证保教工作第一线的力量。农村幼儿园的人员配备应考虑以下几方面的因素。

一是招收幼儿的年龄、幼儿的人数、班级数以及幼儿园的规模大小。

二是农村幼儿园服务的内容及时间。如全日制与寄宿制农村幼儿园的人员配备是不同的，有的农村幼儿园仅提供半日活动，有的农村幼儿园提供全日活动，根据这样的情况，在人员配备上要有所不同。而在提供餐点等服务上，各园要求也不同，所需要的人员也会不同。

三是机构性质和任务情况。不同性质的农村幼儿园包括教育部门办幼儿园、企事业单位办园、乡镇中心办幼儿园、村办幼儿园和小学附设学前班。其中，农村幼儿园属于独立单位还是附属单位，其所需人员也有不同。当前，仍有不少学前班附设在农村小学内，人员需求与编制应由农村小学统一考虑和安排。另外，农村一般幼儿园与示范幼儿园、实验幼儿园在人员配备的需求上也不同。

农村幼儿园在行政组织的设置上要最大限度地发挥人力资源的作用，以便提高行政组织效能。为此，农村幼儿园要根据确定的任务目标，从实际出发，因园制宜，同时还要随着社会生活条件的变化和社会对学前教育需求的发展变化，对行政组织机构做出相应调整，使之趋于完善并不断发展。

关于专任教师和保育员的配备，《幼儿园教职工配备标准（暂行）》规定："全日制幼儿园每班配备 2 名专任教师、1 名保育员（或配备 3 名专任教师）。半日制幼儿园每班配备 2 名专任教师，有条件的可配备 1 名保育员。寄宿制幼儿园至少应在全日制幼儿园基础上，每班增配 1 名专任教师和 1 名保育员。单班学前教育机构，如村学前教育教学点、幼儿班等，一般应配备 2 名专任教师，有条件的可配备 1 名保育员。"

案例

某乡镇中心幼儿园为了顺应市场经济改革的潮流，决定采取减员增效的做法。班里的保教人员由三人减少到两人。班上的教师和保育员感觉到压力很大。一个班六七十名幼儿，常规管理难度很大。在一日生活中，班上经常出现这样或那样的问题：幼儿告状、拥挤、打闹……生活秩序和教学秩序比较混乱。保育员在做好日常清洁工作的同时，还要安排好三餐两点。两个人经常是下了班，就累得一动也不想动。在这种情况下，保教主任、保健医和后勤行政人员不得不经常去替班或带班。从此，园内大大小小的事情都要由园长亲自去做。只见她一会儿去开会，一会儿去厨房帮忙摘菜，一会儿帮会计处理账目，一会儿又去检查卫生和教学情况。园长就像一个转动不停的陀螺，只有高速运转才能保证幼儿园工作的正常进行。

摘自：刘苏. 现代幼儿园管理：案例与评析［M］.

天津：天津社会科学院出版社，2003：220 – 221.

分析

合理的人员配备是农村幼儿园行政组织系统建立的必然要求，也是确保农村幼儿园保教工作秩序、保证农村幼儿园各项工作正常运转的重要保证。保教人员如果配备不足，就无法保证保教工作顺利、有序地开展，容易出现由于保教人员兼顾不到而造成幼儿安全事故发生的现象，同时影响保教活动的效果。

案例中，班级中两名保教人员由于人员减配而工作量加大，生活秩序、教学秩序都出现了混乱。保教人员配备不足，还影响到全园其他工作的有序开展。保教主任、保健医、后勤行政人员以及园长都必须身兼数职，这样做不仅使每个岗位的本职工作受到影响，更影响到全园工作的有效开展。可见，盲目实行减员增效的改革，导致了保教人员的不合理配备甚至缺编，不仅加大了农村幼儿园各岗人员的工作量，还使一线保教人员承受了巨大的精神压力，降低了保教服务的质量，进而影响到幼儿的健康成长。因此，农村幼儿园在配备各岗位工作人员时，必须遵循农村幼儿园保教工作的客观规律，严格按照国家政策科学、合理地配备。

提示

农村幼儿园行政组织设置应遵循一定的程序，具体包括：（1）分析并确定为达到农村幼儿园的任务目标需要开展的工作，确定工作流程；（2）根据工作任务、性质及工作流程划分职能部门；（3）分解各职能部门的工作，再划分各组（室）等专门机构，形成行政组织机构的基本单位，如把保教部门按幼儿年龄分为大、中、小年级组；（4）根据各组（室）的任务定员、定编。设置农村幼儿园行政组织时，还应该确定责、权、利统一的岗位责任制，把各基层组织综合在一起，分工协作，密切配合。

------------- 延·伸·阅·读 -------------

广东省农村幼儿园人员配备要求

根据《广东省教育厅关于规范化农村幼儿园的办园标准（试行）》第五章规定，广东省农村幼儿园的人员配备应遵循以下要求。

第十七条　幼儿园园长的数量根据广东省幼儿园机构编制标准配备。园长取得幼儿园园长岗位培训合格证书，有 5 年或以上幼儿教育工作经验。

第十八条　每班至少配备 2 名教师和 1 名保育员（或每班配备 3 名教师）。教师具有幼儿园教师资格证，保育员具有初中及以上学历，并取得保育员资格证。

第十九条　按照收托 150 名幼儿至少设 1 名专职卫生保健人员的比例配备卫生保健人员。收托 150 名以下幼儿的，应当配备专职或者兼职卫生保健人员。

第二十条　安保人员、炊事员、财会人员、工勤人员等按国家及省有关规定配备。

第二节
农村幼儿园的规章制度

农村幼儿园规章制度是指为了实现农村幼儿园的工作目标，对农村幼儿园各项工作和各类人员的要求加以条理化、系统化，规定出必须遵守的行为准则和工作规程。它是农村幼儿园根据国家有关方针、政策、法规，按照保教工作规律和农村幼儿园实际情况，采用条文形式，对全园教职工的工作、学习和生活等提出的具有约束力和一定强制性的准则和规范。

规章制度是农村幼儿园的"法"。规章制度的建立和执行，能使农村幼儿园管理工作程序化、规范化、科学化，保证工作任务的完成。

一、农村幼儿园规章制度的类型

农村幼儿园的规章制度主要有全园性规章制度、部门性规章制度、岗位责任制以及考核与奖惩制度，它们构成了农村幼儿园管理的制度化体系。

（一） 全园性规章制度

全园性规章制度可以起到指导、组织集体活动，统一各类人员行为，建立工作常规和行为规范的作用。

农村幼儿园应根据总目标和培养优良园风的要求，制定出一整套指导集体活动的规章制度，使各部门、各类人员的工作、学习和生活有一个统一的准则或规范，如教职工职业规范或工作守则、教职工考勤制度、交接班制度、值班制度、学习制度、个人卫生与环境卫生制度等。

农村幼儿园还应建立收托幼儿制度、接送制度、安全制度、家长联系制度等，使全园教职工周知并遵照执行。

（二） 部门性规章制度

建立和完善农村幼儿园各部门的规章制度，可以起到明确各层次、各部门的工作任务和职责，加强科学管理的作用。可包括以下制度。

卫生保健部门工作制度。包括：生活作息制度、体格锻炼制度、健康检查制度、卫生防疫制度、伙食营养卫生制度及卫生保健登记制度等。

保教部门工作制度。包括：学籍管理制度、保教人员工作常规、备课听课制度、计划与记录制度、教研活动制度等。

总务部门工作制度。包括：财务制度、财产管理制度、物资采购与验收制度、档案资料管理制度、安全保卫制度、收发工作制度等。

（三） 岗位责任制

岗位责任制是通过明确的规定，使每个工作岗位的职责明晰化，使一定工作岗位上的人同这个岗位该做的事之间建立有机联系。岗位责任制起着明确职责、调整和处理各个岗位之间的职责、权利的作用，从而使组织的各类人员能够在其位、行其事、尽其责。

岗位责任制是农村幼儿园各项规章制度的核心。有效管理的关键是处理好人和事之间的关系。岗位责任制可以使工作落实到每个岗位和组织中的每个成员上，保证工作得到切实贯彻和执行。岗位责任制做好，其他制度的执行才有保障。农村幼儿园应注重建立各类人员的岗位职责制，如园长职责、保教主任职责、教师职责等。岗位责任制应包括工作任务内容、方法和质量要求，要明确具体、条理清楚，定性与定量结合，便于执行和检查。岗位责任制的建立和执行要有利于实现人人有专责、事事有人管、办事有标准，使农村幼儿园工作纳入规范科学的管理轨道，提高工作效率，同时有益于培养人人尽职尽责的良好风气。

岗位责任制的建立，既要体现各岗位的共同特征和一般要求，确立各岗位的基本职责范围，又要明确各岗位的工作职责范围和工作任务。

（四） 考核与奖惩制度

农村幼儿园有了岗位责任制，还需要建立考核与奖惩制度与之配套，以保证岗位责任制和其他规章制度的贯彻执行。否则，没有考核评价，就可能造成有章不循，农村幼儿园各项规章制度可能会流于形式，各项工作会难以落实。对各类人员的工作状况如不及时给予奖惩，也会挫伤广大教职工的积极性。将考核与奖惩制度和岗位责任制等规章制度有机结合，可以赏功罚过、功过分明，既体现管理法规的严肃性、有效性，又可以起到激励教职工尽职尽责、奋发向上的作用。

考核是对组织成员履行职责和完成工作任务情况、保证质量效果的检查评定。考核的方式有自评、群众互评和领导评价，三者应结合起来，定期或不定期进行并形成制度。

奖惩是在考核基础上进行的，对考核结果给予肯定或否定的评价，是对责任者必须承担并履行职责的后果的评价，是对考核进行强化的管理措施。奖惩的方式可以是综合的，也可以是单项的，既有对个人的奖惩，也有对集体的奖惩。

表 1 - 1　农村幼儿园各类规章制度

类　别		项　目
全园性规章制度		教职工职业规范或工作原则、教职工考勤制度、交接班制度、值班制度、学习制度、个人卫生与环境卫生制度、办公制度、上班制度、收托幼儿制度、接送制度、安全制度、家长联系制度
部门性规章制度	卫生保健制度	生活作息制度、体格锻炼制度、健康检查制度、卫生防疫制度、伙食营养卫生制度、卫生保健登记制度
	保教制度	学籍管理制度、计划与记录制度、备课听课制度、教研活动制度、常规工作检查制度、保教质量全面检查制度、保教人员工作常规
	总务制度	财务制度、财产管理制度、伙食管理制度、门卫制度、庭院管理制度、档案资料管理制度、物资采购与验收制度、安全保卫制度、收发工作制度
岗位责任制		园长职责、保教主任职责、教师职责、保育员职责、保健员职责、炊事员职责、财会人员职责、事务人员职责、门卫职责
考核与奖惩制度		考核制度、奖惩制度

💡 案 例

赵园长刚到园里工作不久，为了能够迅速了解园内情况，她经常到各班走走，进行临时检查。一天，她来到李老师的班上，无意中发现李老师的柜子中放着两块蛋糕，这显然是幼儿的早餐（因为早餐是这样的蛋糕）。李老师很不好意思，脸一下子红了。赵园长没有说什么，静静地回到办公室，紧接着召开了领导班子会。会上，赵园长才知道，这类现象在该园经常发生，而且已有很多家长表示不满。赵园长问大家是否要处理这件事，结果众说纷纭。有人说："应该严肃批评李老师，及时制止这种现象。"有人说："不好办，园里又不是就她一个人这么做。"有人说："算了，她父亲还曾是咱们领导呢！"讨论持续了很长时间。最后，赵园长决定还是要严肃处理这件事，并要求园务委员会着手梳理现有的规章制度，查漏补缺，完善园内的各项规章制度。

💡 分 析

教师应该做什么，不能做什么，要通过岗位责任制加以明确。在此基础上，农村幼儿园还应建立考核与奖惩制度与之配套，以保证岗位责任制和其他规章制度的贯彻执行。

案例中，在领导班子会上，大家对于是否要处理李老师的违规行为有截然相反的意见，反映出该园在教师岗位管理和违规行为处理方面缺乏统一的规范，没有建立起相应的岗位责任制和考核与奖惩制度，园领导根据个人意志处理问题的倾向比较明显。这对于规范农村幼儿园管理行为，保证各项工作依规进行是不利的。赵园长严肃处理李老师的违规行为，提出建立和完善园所管理制度的要求，体现了其对农村幼儿园管理制度化的深刻理解和认识，有助于该园管理工作的规范化、科学化。

🔍 提示

　　根据规章制度的制定主体，农村幼儿园规章制度可以分为两大类。 一类是农村幼儿园外部的规章制度，由国家、省（市、自治区）等各级教育行政部门制定并统一执行，如《中华人民共和国教育法》《中华人民共和国教师法》《幼儿园工作规程》《幼儿园管理条例》等。 另一类是农村幼儿园内部的规章制度，由农村幼儿园根据国家相关政策要求，结合农村幼儿园的实际情况制定并执行。

　　根据管理对象的不同，农村幼儿园规章制度分为三方面。 一是针对人员和部门，制定岗位职责和部门工作制度，如教师岗位职责、卫生保健登记制度、备课听课制度等。 二是针对财务，制定严格的常规制度，如物资采购与验收制度等。 三是针对事务和活动，制定协调管理制度，如家长工作制度等。

-------------------- 延·伸·阅·读 --------------------

某幼儿园的备课听课制度

　　1. 教师必须认真学习《幼儿园工作规程》《幼儿园教育指导纲要（试行）》和《3—6 岁儿童学习与发展指南》，以其为依据，根据本班幼儿实际水平，研究制订好各类教育教学计划。

　　2. 认真学习教育理论知识，不断吸收新的信息并积极运用于备课中。

　　3. 结合本班幼儿年龄特点和实际发展水平备好课，突出重点，突破难点。

　　4. 按时、按质制订好系列计划，如学期计划、月计划、周计划、日计划、课时计划、游戏计划等。每周写一篇观察笔记和教育笔记。每周五上午将下周计划和笔记交保教主任审阅。

　　5. 教案要求结构完整，过程清晰，具有可操作性。

　　6. 鼓励改革创新。每学期进行一次评比，对设计新颖、富有创造性的计划、笔记、教案等予以奖励。

7. 坚持互相听课，每学期听课不少于 20 次，认真做好记录和评议工作。

8. 园长每学期必须有针对性地进班听课 40 次以上，保教主任进班听课 80 次以上，做好听课记录，及时进行评议，肯定成绩，找出差距，提出建议和希望。

二、农村幼儿园规章制度建设的要求

要发挥规章制度作为农村幼儿园管理手段的作用，就需要遵循制度建设政策性、科学性、教育性和严肃性的基本要求，以此保证农村幼儿园规章制度的建设与顺利实施。

（一）政策性

农村幼儿园制定的规章制度必须符合国家的政策法规和各级教育行政部门颁布的有关法规条例，不能与之相违背。如《幼儿园工作规程》对幼儿园各项规章制度的建立做出了明确规定，第九章"幼儿园的管理"第五十二条规定："……园长定期召开园务会议（遇重大问题可临时召集）对全园工作计划，工作总结，人员奖惩，财务预算和决算方案，规章制度的建立、修改、废除，以及其他涉及全园工作的重要问题进行审议……"

（二）科学性

农村幼儿园的规章制度必须是科学的、规范的，要体现学前教育工作的本质属性，符合教育与管理的客观规律。各项规章制度的基本要求和质量标准要合乎教师的工作特点，符合幼儿的身心发展规律，同时还应从本园实际情况和工作需要出发，使其既具有可行性，又能发挥行为指向作用。简单盲目地照抄、照搬现成条文、搞形式主义是不可取的。农村幼儿园规章制度应保持目标一致，相互补充，形成整体系统，而不能互相矛盾。规章制度的条文要简明具体，要有明确的业务规范要求、工作程序和基本方法，便于记忆和操作。农村幼儿园的规章制度不能朝令夕改，否则就会使教职工无所适从，失去制度的严肃性和约束性。

（三） 教育性

农村幼儿园建立规章制度的根本目的是实现教育目标，为培养社会主义建设者奠定良好基础。制度的制定，要从人才培养、教育工作的实际需要出发，内容要有教育意义。制度的制定要让教职工参与，使制度更切合实际并通过制定过程激发教职工的积极性，明确制定目的，认同制度内容，从而提高执行的自觉性，实现自我管理与教育。

规章制度的贯彻执行，不能仅依靠行政命令，而必须在明确认识的基础上，强调自觉精神。因此，对规章制度的宣传教育必不可少。农村幼儿园要通过广泛的宣传教育，形成一定的集体舆论，提高全园教职工的认识水平和维护制度的责任感，形成相互督促、共同遵守的氛围。

规章制度的宣传教育要持之以恒，经常进行。结合农村幼儿园工作的阶段性特点，可以在每个学期或学年开始时，集中进行教育。在每学期开学初，农村幼儿园向全园教职工重新强调本园各项规章制度的内容，使各类人员进一步明确各自的任务要求，逐步养成自觉遵守的习惯。

（四） 严肃性

农村幼儿园规章制度要成为具有约束力和强制性的"法"，就要注意制度执行的严肃性，要严格要求、督促检查，同时将检查与考核惩罚结合，加强指导。要坚持制度执行的一贯性和一致性，做到有章必循，避免前紧后松、因人而异，使制度切实发挥管理的作用，在全园建立起良好的工作秩序。

要使农村幼儿园各项规章制度顺利得到实施，成为全体人员认同的

"法"，农村幼儿园管理人员必须率先垂范，带头严格执行制度，为全园教职工做出表率。

案例

做操时间，园长看到中一班的张老师穿着高跟鞋带操，心里很生气，因为已经说过她三次了。园长想上前制止，但又转念一想："还是等她做操出现问题再批评吧。"可是在整个带操过程中，张老师做得非常顺畅，虽然穿着高跟鞋，但她跑、跳、转等都很到位，丝毫没受影响。幼儿园有明确规定：教职工带班期间不准穿高跟鞋。为了保持制度的严肃性，园长在午休时间找到张老师，当面告知她的行为已经违反园里的制度，按规定要进行处罚。不料，张老师嘴一撇："罚就罚呗，我懒得换鞋。"事后，书记找她做思想工作，张老师振振有词地说："我穿高跟鞋带班已经很习惯了，又不影响带班。从教师形象考虑，穿高跟鞋更有气质。"私下，张老师还跟同事抱怨："我就是不想听领导的话，她们上班能穿高跟鞋，我们穿就挨罚，凭什么啊?!"一时间，园里议论纷纷。

分析

从表面上看，张老师的行为违反了园里的规章制度，按规定给予处罚是理所当然的。但是，张老师对领导行为的抱怨和教职工对这件事的议论，说明规章制度管理还存在改进的地方。首先，张老师对规章制度的作用认识不够深刻。穿高跟鞋会给幼儿带来意外伤害，也不利于处理班级突发事件，所以规定"不准穿高跟鞋"非常必要。其次，张老师的违规行为反映出该园在制度内化方面的工作还不够深入，需要通过加强宣传来帮助教职工进一步明确和理解规章制度的作用、内容和要求。最后，从园领导的行为看，领导穿高跟鞋是没有做到以身作则，影响到制度执行的严肃性和一贯性。

提 示

　　农村幼儿园在制度建设中应该注意以下几方面的问题。一是规章制度应该符合国家政策，具有科学性。二是规章制度应该符合农村幼儿园的实际，具有可行性。三是规章制度应该有明确的目的和执行条款，具有可操作性。四是要坚持规章制度制定和执行过程中的民主性，先讨论，后制定，激发教职工的责任感和积极性，提高他们对各项规章制度的认同。五是规章制度在广泛征求教职工意见的基础上，应提请教代会和园务委员会审议通过，具有严肃性。六是要坚持规章制度学习的经常性，组织教职工开展"如何处理这些问题"的专题讨论，提高教职工对规章制度建立的必要性和重要性的认识。

-------------------- 延 伸 阅 读 --------------------

执行幼儿园规章制度的基本要求

　　幼儿园在执行规章制度时，应遵循两方面的基本要求。一是注重宣传讲解。幼儿园可以采用会议宣讲、案例讨论、个别谈心等多种形式，反复、多次地向全园教职工宣传，帮助大家理解幼儿园规章制度建立的意义，掌握相应各项工作的内容要求，从而更有效地按规章办事。二是园长要发挥好模范带头作用。要使园内各项规章制度得到有效的贯彻和实施，园长必须以身作则。一方面，要严格检查督促。幼儿园设立的各项规章制度必须严格执行，严肃督促，认真检查，奖惩分明，确保幼儿园良好的工作秩序。另一方面，要注意刚柔并济。既要发挥规章制度作为强制性管理手段的硬性作用，也要根据实际情况灵活处理由于外界因素或教职工个人因素引起的突发事件，把幼儿园的制度化管理与人文关怀有效结合。

摘自：文红欣. 幼儿园组织与管理 ［M］.
北京：教育科学出版社，2012：82.

第三节
农村幼儿园财务与设施设备管理

一、农村幼儿园财务管理

财务管理主要是指对资金的管理。农村幼儿园财务管理主要是指农村幼儿园经费的预算、实施和结算。

（一） 农村幼儿园财务管理的目的

农村幼儿园管理者必须了解财务管理工作的规律，提高资金使用效益，确保农村幼儿园的良性循环和各项工作的可持续发展。

农村幼儿园财务管理的目的是取之有道、用之有效。其中，取之有道是指农村幼儿园收费要合理，每个收费项目要有政策依据，让家长心悦诚服，杜绝乱收费；用之有效是指要加强经费使用的计划性，每一项经费支出都有效率，不浪费，这也是农村幼儿园财务管理的重中之重。

（二） 农村幼儿园财务管理的内容和措施

具体来说，农村幼儿园财务管理应该着重做好以下几方面的工作。

1. 积极筹措资金

资金是财务管理的主要对象。没有资金，财务管理也就不存在。对于农村幼儿园来说，资金主要来自乡镇、村的各级投入，但很多情况下还需要自筹一部分。因此，农村幼儿园管理者应该把筹措资金作为财务管理的重要任务之一，积极拓宽资金来源渠道。在收费方面，农村幼儿园应该严格按照《幼儿园收费管理暂行办法》的规定和要求，合理收取保教费和住宿费。为在园幼儿教育、生活提供方便而代收代管的费用，应遵循"家长自愿、据实收取、及时结算、定期公布"的原则，不得与保教费一并统一收取。

2. 合理分配经费

农村幼儿园要增强经营意识，合理使用经费，以有限的投入取得最大的效益。

（1）做好经费预算和决算

要做到合理使用经费，必须做好经费预算和决算工作。要加强经费使用的计划管理，认真编制预算，进而执行预算并做好决算。

首先，做好经费的预算。经费预算的编制应该遵循"瞻前顾后、统筹安排、保证重点、照顾一般"的原则，主要做到以下几点。

① 有计划地全面安排预算，分清主次轻重。一般来说，农村幼儿园将保教工作的需要作为预算的重点。

② 预算要留有余地，有一定机动，以便解决计划外的特殊需要。

③ 预算由财会人员制定，园长审批并上报有关部门。园长应亲自过问并参与预算，与财会人员共同分析、研究经费的分配计划。

其次，做好经费的决算。预算制定以后要认真遵照执行，做好决算工作。通过决算，农村幼儿园可以了解全年经费的使用情况，做出分析，总结收支平衡，找出各项经费之间的比例关系，探索经费使用规律，为下年度经费预算的制定提供依据和指导。

（2）合理保证收支平衡

在市场经济体制改革背景下，农村幼儿园也要有经营意识。园长要对农村幼儿园经费的来源和支出做到心中有数，注重对经费的收支管理，科学经营农村幼儿园。

农村幼儿园经费收入的项目主要有向家长收取的费用，如幼儿入园管理费、保育费、杂费；政府或主办单位的拨款；个人或社会团体捐助的款项。园长应了解各项经费的数目及占全部经费的比例。农村幼儿园为幼儿提供膳食服务，需要收取伙食费等相关费用。伙食费等必须花在幼儿身上，专款专用。有的农村幼儿园还安排校车（园车）为幼儿提供接送服务，也可按要求收取相应费用。

农村幼儿园经费支出项目主要是人员经费和公用经费两大块。人员经费包括职工工资、奖金和福利费（如医疗费、保险费等）。公用经费包括办公费、业务培训费、水电煤气费、玩教具材料和设备购置费、房舍租金与小型房屋修缮费等。

农村幼儿园的管理也有经济效益问题，要注意经费的投入与产出——培养人的质量、数量要求与工作成果的关系，将教育成本核算纳入到农村幼儿园的财务管理中，讲究科学经营，提高教育经费的有效利用率，降低成本，发挥教育投入的最优效益，实现社会效益与经济效益的统一。高质量的农村幼儿园并不意味着高投入、高消耗。盲目追求农村幼儿园硬件的豪华是必须反对和防止的。

3. 健全财务制度

要使财务管理有章可循、杜绝漏洞、合理支出，就必须建立和健全农村幼儿园财务制度体系，这就需要考虑上级财务规范和本园实际情况，针对财务工作的各个环节制定合理可行的制度。

一般来说，农村幼儿园财务制度体系包括财务管理制度、财务收支审批制度、收费制度、代办性收费及其使用规定、资产清查制度、财产管理制度、收支两条线管理制度、财务处理程序制度、财务稽核制度、财务牵制制度、会计财务分析制度、会计工作交接制度、会计档案管理制度。

4. 加强财务监管

财务监督是贯彻国家财经法规和农村幼儿园财务规章制度、维护财经纪律的重要保证。农村幼儿园必须接受国家有关部门的财务监督，建立严密的内部监督制度，注重监督检查，定期审查收支账目。

要强调的是，实施民主监督是做好农村幼儿园财务工作的重要而有效的手段，要让教职工乃至作为服务对象的家长对农村幼儿园的经营运转情况发表意见。农村幼儿园的经营运转，包括预算的整个过程，有必要让所有相关人员拥有知情权。农村幼儿园要将收支情况定期公布，据此加以奖惩。

农村幼儿园的资金来之不易，必须加强监督、严格管理，杜绝损公肥私、贪占挪用等违法违纪行为的产生。

案例

某幼儿园是一家规模中等的村办园，资金缺乏，师资力量薄弱。园长和教职工认真分析本园实际情况，认识到：村办园虽然弱势明显，但也有自己的优势，那就是社会主义新农村建设给农村学前教育发展提供了前所未有的发展机遇。而且，村办园的发展自主权相对大一些，能够灵活利用一切可以利用的条件。他们抓住新农村建设的机会，表示愿意接收因为合村并镇而不得不撤销的一家小型村办园，解决该园所有幼儿的入园问题。镇政府经过论证和考察，同意了他们的请求。结果，该幼儿园不仅补充了生源，还得到了5万元的教育经费补贴。后来，村小学因为布局调整空出了校舍，他们又积极向镇教办申请，迁入该校舍，将原来小学的桌椅、教具等进行改造，解决了因生源增加而带来的桌椅和教具不足问题。本村和邻村家长看到幼儿园办园条件改善，纷纷前来报名。幼儿园生源不断，教师收入也增加了，大家都觉得有奔头了。

分析

农村幼儿园财力有限，在一定程度上制约了园所发展。要解决这一困难，必须抛开"等、靠、要"的思想。园长应把筹措资金作为财务管理的重要任务，积极拓宽资金来源渠道。该幼儿园的园长带领教职工对园所自身实际状况进行了准确分析，在此基础上找到了园所发展的突破口：利用相对灵活的办园自主权，抓住新农村建设和学前教育发展的机遇，积极争取、有效沟通，成功地扩大了生源，有效解决了经费来源的问题，使园所越来越壮大。正是园长作为管理者的认真分析、冷静判断和积极努力，才使这所村办园得到了大发展，教职工也觉得有奔头了。

提 示

农村幼儿园在财务管理工作中应注意以下问题。 第一，处理好收入与支出的平衡。 每年应做好经费预算、决算，分析收入与支出的情况，总结收支平衡中存在的问题。 第二，处理好投入与产出的关系。 进行预算时要注意将教育成本纳入财务管理中，合理降低成本，发挥各类资源的最大效益。 第三，处理好开源与节流的关系。 既要通过多渠道筹措资金来发展农村幼儿园，又要合理节流，提高资金利用效率。 第四，处理好长远目标与近期目标的关系。 财务管理要和农村幼儿园的长远发展规划相结合，不要只投入到园舍装修、大型玩教具配备等"看得见"的项目中，也要对教师队伍建设这种看不见但却对农村幼儿园可持续发展和保教质量提高有长远影响的项目增加投入。

-------------------- 延 伸 阅 读 --------------------

幼儿园财务管理的特点

幼儿园财务管理不同于其他领域的经济管理，主要有两大特点。第一，政策性特别强。幼儿园什么费用能收，什么费用不能收，为什么要收，哪些能用、哪些不能用，怎么用……这些问题直接关系到幼儿园的生存和发展，关系到幼儿、家长和幼儿园教职工的切身利益。各级教育行政部门都有明文规定，幼儿园必须依据国家政策法规执行。第二，涉及的人和事非常广。幼儿园一方面要财尽其力，节约办园经费，另一方面要利用自身优势拓宽经费来源渠道，和家长、上级教育行政部门、卫生部门等打交道。

二、农村幼儿园设施设备管理

农村幼儿园设施设备是指开展保育和教育工作所必需的物质资源，是农村幼儿园的财产。农村幼儿园设施设备管理实际上是对物的管理。农村幼儿园保教工作离不开设施设备，大到空间环境，小到纸笔用具，这些都是必备的物质材料。

农村幼儿园必须防止"重钱不重物""重建设轻管理"的倾向，加强对设备设施、财产物品的使用、保养和管理，达到物尽其用，最大限度地发挥财产物品的使用效益。

（一）农村幼儿园设施设备管理的内容

农村幼儿园设施设备的管理包括对园舍、房屋的管理，对环境的管理，对玩教具和器材的管理。

1. 园舍、房屋的管理

主要包括农村幼儿园园舍的建设和管理、房屋的维护和修缮。《幼儿园管理条例》的"审批程序"第八条规定："举办幼儿园必须具有与保育、教育的要求相适应的园舍和设施。幼儿园的园舍和设施必须符合国家规定的卫生标准和安全标准。"

首先，园舍的选址和建筑、园舍房屋的设计应依据《托儿所、幼儿园建筑设计规范》的规定，并且要结合农村地区的实际情况和条件。农村幼儿园的园舍房屋建设一般分为三类，即幼儿学习生活用房、办公服务用房和后勤供应用房。农村幼儿园应从本地实际出发，优先保障幼儿学习生活用房的建设和管理，为保教工作提供最大便利和条件。

其次，定期对农村幼儿园的房屋进行维护和修缮。园长和主管总务后勤工作的副园长应该定期、不定期地检查房顶、地面、门窗、水电、通风等设施，发现问题要及时修缮，以确保幼儿在园活动的安全。

2. 环境的管理

主要应做好幼儿活动环境的创设和管理。一方面，农村幼儿园应有足够的户外活动场地，以方便幼儿开展户外体育活动和进行户外锻炼。户外场地要有多种绿色植物，要有大中型运动器械，供幼儿钻、爬、攀、跳等，要有玩沙、玩水的地方。农村幼儿园由于地理和经济条件所限，可以充分利用园外资源，包括周围的山、河、农田等，因地制宜地进行环境创设。另一方面，农村幼儿园要加强对环境的安全卫生管理，为幼儿营造安全、卫生的学习和发展环境。

3. 玩教具和器材的管理

主要包括室内用具和室外器材的配备与管理。为了保教工作的顺利开展，室内应配备必要的教学设施，如桌子、椅子、柜子、毛巾架、水杯架等，高度应符合幼儿发育水平，材质应安全、无毒、无害。农村幼儿园应有专人（保管员）对各种室内用具进行登记、建档，定期检查和维修。农村幼儿园应不断改善办园条件，增添、更新保教工作所需的各种玩具和教具，同时要对室外的大中型玩具等进行妥善管理。考虑到日晒雨淋和外力因素对器材造成的损伤，农村幼儿园应对其定期检查，及时维修，避免幼儿意外伤害或事故的发生。

（二）农村幼儿园设施设备管理的措施

在进行设施设备管理时，农村幼儿园应主要做好以下工作。

1. 建立健全制度，专人负责管理

幼儿园应建立健全制度，加强管理，提高设备和物质材料的使用效

率，避免浪费和无意义的损耗、消耗。对各项财产物品的管理要健全制度，做到专人负责。农村幼儿园财产管理制度一般包括全园财产分类制度，分部门、分室保管、定物到人的使用保管责任制，定期清点核对制度，领用物品登记制度等。

2. 定期检查维修，重视物品保养

物品保养是农村幼儿园财产管理不容忽视的内容，要定期做好检查维修，延长物品的使用寿命，确保使用安全。

3. 建立损坏公物的赔偿制度

农村幼儿园管理应最大限度地发挥有限资源的效用，建立损坏公物的赔偿制度，加强对全园教职工的勤俭节约、爱护公物的教育，在建设节约型社会的大背景下，勤俭节约办教育，维护农村幼儿园作为公共教育机构的良好社会形象。

案 例

户外活动时间，明宇又去滑滑梯，这是他最喜欢的活动，一个小时的时间根本不够。可是，这一次往下滑的时候，不知道为什么，滑道突然一歪，明宇控制不住身子，摔了个大马趴，磕破了嘴唇，流了血。明宇吓得哇哇大哭，老师赶紧帮他止血，向园长做了简短汇报。老师带明宇去村卫生院时，园长带人检查了滑梯，发现固定滑道的两个螺丝钉掉了，造成滑道脱轨。园长向负责滑梯维护的张老师了解情况，得知他最近忙着修补漏雨的屋顶和墙面，而滑梯已经3个多月没有检修过。张老师看幼儿每天户外活动玩滑梯时都没有问题，也就没太在意，想着这星期把屋顶、墙面的问题弄完了再去检查，没想到今天发生了滑道脱轨并让明宇受伤的事故。园长对张老师进行了严肃批评，按规定扣除了张老师当月的部分奖金，在全园进行了通报。同时，园长还向明宇的家长详细解释了事故的经过，赔偿了医药费和营养费。

分析

　　农村幼儿园设施设备管理要以为保教工作服务为根本目的。张老师未能按园所规定定期对滑梯进行检查、维护，导致滑道脱轨，幼儿受伤。这一事故的发生警醒着管理者，如果不能对园所的设施设备进行有效管理，不仅会扰乱正常的保教工作秩序，还会对幼儿的身体造成伤害。园长对张老师疏于维护和管理的行为进行严肃处理，是对园所设施设备管理制度的坚决维护，是确保今后不再发生类似事故的必要手段。但是，事后惩罚毕竟不能挽回已经造成的伤害。所以园长应该加强对设施设备管理工作的日常监督，检查、督促管理制度的执行和落实。

提示

　　农村幼儿园的设施设备管理要以为保教工作服务为根本目的，为此要有专人负责，进行严格管理，主要应遵循三个方面的要求。第一，要建立健全物品管理制度。要把农村幼儿园各项设施设备管理好，必须要制定针对设施设备的进、用、出等环节的制度，包括财产登记制度、保管制度、出库制度、物品管理奖惩制度等。第二，要严格执行物品管理制度。好的制度并不能直接带来好的管理效果，必须加强对制度执行的监督。农村幼儿园应通过思想教育和制度宣讲，让教职工爱惜设施设备，通过奖惩制度鼓励和提倡遵守制度的行为。第三，物品管理要有专人负责。如果农村幼儿园不具备配备专职物品保管员的条件，至少也要安排专人兼职做好这项工作。物品管理要责任到人，责任人要定期上报财产使用和消耗情况，园长要进行监督，以减少不必要的消耗和浪费。

-------- 延·伸·阅·读 --------

山东省农村幼儿园办公设备配备基本标准（节选）

1. 幼儿园设施设备应适应不同年龄儿童的生活能力、学习方式差异和行为、反应水平，充分体现儿童主动探索、自主构建的主体地位，满足保育教育和儿童主动活动的需求，克服"小学化"、成人化倾向。

2. 园内应安装安保设施、配备消防设施设备，并设有易于儿童识别的标识和意外事故紧急出口和通道。室内过道设置符合消防安全要求。装修及新添置的设施设备，应符合国家《室内装饰装修材料有害物质限量》标准。

3. 室内活动区域必须安装漏电保护装置，所使用的电源插座应为安全型，并安装在儿童不能触及的位置。环境布置及所使用的物品不能有突出的尖角，儿童使用家具的边角应为圆弧形。幼儿活动区域的窗台边不得放置幼儿可攀爬的物体。

4. 室外活动场地上的大中型运动器械应固定安装在软质地面上，器械之间保持足够的安全距离。

5. 提倡利用自然或废旧材料自制玩教具，但不得使用有毒有害、易燃易爆等存在安全隐患的材料。幼儿园不得接受生产企业的试用产品。

6. 招收特殊儿童的幼儿园，应考虑特殊儿童的需要。特殊儿童所需要的具有医疗及康复功能的器械与玩具，应在教师指导、监护下使用。

-------- 思 · 考 --------

1. 农村幼儿园的规章制度有哪些类型？

2. 农村幼儿园人员配备应考虑哪些因素？

3. 农村幼儿园设施设备管理的内容包括哪些？

第二章
农村幼儿园保教工作管理

　　农村幼儿园的一切工作必须围绕保教幼儿这一中心任务进行，以保教工作作为各项工作的中心。农村幼儿园担负着保教幼儿和为家长提供服务的双重任务。在双重任务中，保教幼儿是基础，是主导，也是设立农村幼儿园的根本目的所在。

　　农村幼儿园保教工作管理既包括全园层面的保教工作管理，也包括班级层面的保教工作管理。本章主要介绍农村幼儿园保教工作的组织和安排，保教工作管理的内容和过程，教研工作的目的、任务和管理方法。

第一节
农村幼儿园保教工作的组织和安排

一、保教工作是农村幼儿园的中心工作

　　保教工作是农村幼儿园各项工作的中心，是农村幼儿园的双重任务

之一。

（一） 把保教工作作为农村幼儿园各项工作的中心

幼儿园保教工作是保育和教育工作的简称。传统意义上的保育是指保护幼儿的身体发育，包括保障幼儿的身体健康和安全、培养幼儿良好的生活卫生习惯。随着观念的更新，现代意义上的保育除了指保护幼儿的身体发育之外，还包括促进幼儿良好个性的发展以及社会适应能力的提高，促进幼儿身体和心理的和谐发展。《幼儿园工作规程》明确指出："幼儿园必须切实做好幼儿生理和心理卫生保健工作。"

农村幼儿园以保教工作为中心，这是由农村幼儿园的性质和任务决定的，反映了农村幼儿园管理的特点和规律。

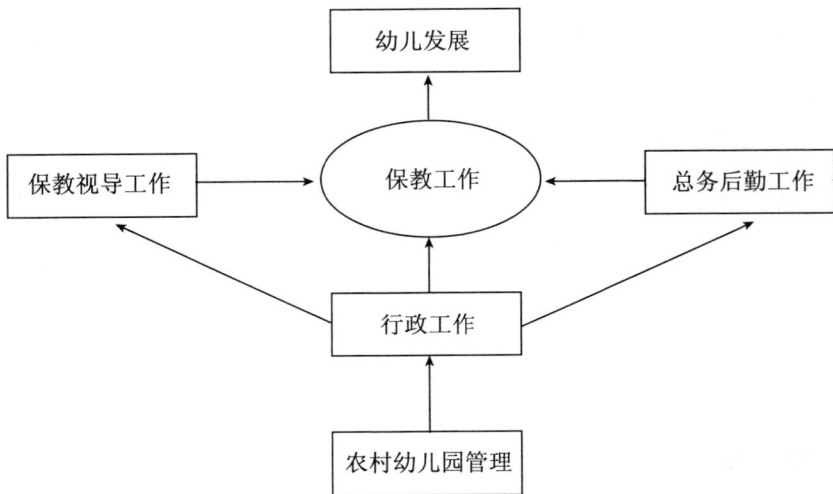

图 2-1　农村幼儿园以保教工作为中心示意图

农村幼儿园管理要以保教工作为中心，为保教工作的顺利、有效开展提供保障，这是提高保教质量、促进幼儿全面发展的重要前提。农村幼儿园的行政工作、总务后勤工作、卫生保健工作、师资队伍建设工作等，都应围绕保教工作开展并形成有机联系的整体，建立完善的管理制度，采取适宜的工作方法，协调、处理好保教工作与其他各项工作的关系，为保教工作开展创造有利条件，确保保教工作的根本目的能够实现，促进幼儿身心全面和谐发展。

（二） 把保教结合作为农村幼儿园教育工作的根本原则

保教结合的原则，是农村幼儿园教育工作的根本原则。我国幼儿园管理的重要法规，即《幼儿园工作规程》和《幼儿园管理条例》，都明确指出了这一点。

怎样才能做到保教结合？简单说，就是八个字，即保中有教、教中有保。

首先，保中有教是指在保育工作中应渗透和包含教育性因素。根据当前对保育概念的理解，农村幼儿园的保育工作应强调保护和增进幼儿的健康，强调激发幼儿的积极主动性并在保育活动中渗透兴趣和能力的培养，促进幼儿各方面的健康发展。

其次，教中有保是指在教育活动中应注意保障幼儿身体和心理的健康与安全。《幼儿园工作规程》第一章"总则"第五条规定："尊重、爱护幼儿。严禁虐待、歧视、体罚和变相体罚、侮辱幼儿人格等损害幼儿身心健康的行为。"教师在教育过程中应创设宽松的教育氛围，与幼儿形成亲密、积极的关系，从本质上看，这是更深层次的保育，是把保育渗透在了教育活动中。

在幼儿园教育实践中，保和教相互融合、相互渗透，不能人为地割裂开来。

案 例

某园为贯彻保教结合原则，对保育员的工作提出了详细的教育要求。保育员在晨间接待时要主动和幼儿问好；进餐时协助教师培养幼儿良好的进餐习惯，提醒幼儿不挑食、不浪费粮食、不大声喧哗，保持桌面和地面干净，不掉残渣；饮水时提醒幼儿坐好喝水，不要边走边喝，不要一饮而尽，要尽量多喝；洗手时提醒幼儿节约用水，教给幼儿正确的洗手方法。在教学活动中，保育员要根据活动需要，配合教师做好准备；活动中要观察幼儿的身体、情绪和参与活动的情况，必要时给予个别照顾；在幼儿操作时，保育员按教师要求提供帮助和鼓励；活动结束后，保育员协助教师指导幼儿整理物品；在游戏活动中，保育员配合教师准备游戏场地和材料，在游戏中观察幼儿，提供针对性的帮助和指导。

摘自：张莅颖. 幼儿园管理基础 ［M］.

石家庄：河北大学出版社，2012：128.

分析

贯彻保教结合原则，需要在工作安排和人员配备上做到保中有教、教中有保，使两者紧密结合，相互渗透。为此，农村幼儿园在保教人员的岗位职责中要有相应的要求。保育员的岗位职责要有明确的发挥教育影响的要求。专任教师的岗位职责同样要有明确的注重幼儿身体和心理健康维护的要求。

案例中，该幼儿园对保育员的工作提出了非常具体、详细的教育要求，不仅在理念上有助于保育员做到保中有教，而且有助于保育员在实践中具体执行。这种做法很好地把保教结合原则落实到了具体、可操作的实践层面，有助于农村幼儿园真正把保教工作作为中心工作来抓。当然，再明确、再具体的岗位职责要求，也需要在实践中加以贯彻。因此，管理者必须加强对保教工作的巡视，督促、检查和指导班级保教人员切实履行岗位职责，在实践中真正做到保中有教、教中有保。

提示

保教结合，是农村幼儿园教育工作的根本原则。在贯彻这一原则时，应该注意三方面的问题。第一，农村幼儿园管理者和全体教职工要在思想上充分认识和理解保教结合的含义，并在各自的岗位实践工作中积极落实这一原则。第二，工作安排和人员配备要做到保中有教、教中有保，使两者紧密结合，相互渗透。这就要求管理上要在一日生活的各项活动和各个环节中自始至终贯彻保教结合的原则，教师和保育员要明确分工、密切合作，共同担负起教育幼儿的责任，共同完成好促进全体幼儿全面发展的任务。第三，要充分发挥管理的导向作用。在巡视班级保教工作时，应对一日生活组织和安排的整体效益进行检查和评价，引导教师和保育员关注在一日生活中，而不只是在集体教学活动中的保教结合原则的有效贯彻。

-------------------------- 延 伸 阅 读 --------------------------

贯彻保教结合原则应避免的两种倾向

实践中，幼儿园在贯彻保教结合原则时，经常出现重教轻保和重保轻教两种倾向。

第一种错误倾向是重教轻保。这种认识和做法之所以错误，主要表现在三个方面。一是混淆了幼儿园和小学的任务，认为幼儿园的主要任务和小学任务一样，是教学（教育）而不是保育。二是对保育工作专业化的认识缺乏正确认识，认为教育的专业化程度高，保育的专业化程度低。而事实上，保育和教育同样具有专业性，保育员和教师一样，都必须取得相应的任职资格。三是迎合部分家长的要求，认为幼儿园就是要教幼儿学知识，忽视幼儿身体，尤其是心理健康的维护和促进。

第二种错误倾向是重保轻教。这种认识和做法之所以错误，主要表现在两个方面。一是片面理解幼儿园的任务，把幼儿园当作一般的福利性机构，认为它的主要任务是让幼儿吃饱、睡好、别磕碰，认为教师和保育员是高级保姆。二是迎合部分家长的要求，认为幼儿园主要是看孩子的地方，教育幼儿、让幼儿学习是上小学以后的事情。

以上两种倾向，都是对保教结合原则的片面理解，是教师和保育员在保教工作中要避免的。

二、农村幼儿园保教工作的组织和安排

（一）农村幼儿园保教工作的组织结构和人员配备

农村幼儿园保教工作的组织结构和人员配备应该以全园的组织结构和人员配备为基础，最大限度地利用行政组织的力量，优化人员配备，为保教工作的有效开展奠定基础。

保教工作的组织结构体系在不同规模和实施不同教育模式的农村幼儿园有所不同。一般来说，6个班级或以上规模的幼儿园，需要配备专职的保教主任。保教主任作为中层管理人员，要在园长领导下主管保教工作，负责指导各个班级教育教学活动的计划、实施和评价。

目前，农村幼儿园在班级人员配备上普遍采用的形式主要有以下几种：每班两名专任教师、一名保育员；每班两名专任教师；每班两名专任教师，两三个班级共用一名保育员。通常在班级保教人员中，有一人为主班教师或班长。有的农村幼儿园还根据规模和服务形式，形成不同的教学研究小组，如年级教研组或专题教研组，定期针对实践中的问题，开展教学研究活动。关于教研活动的组织体系和人员配备，我们将在本章第三节做详细介绍。

另外，在每班只有一名教师的情况下，可以采用代理制度。有的农村幼儿园聘用兼职或代课教师，在必要的时段担任替班教师。此外，有的农村幼儿园根据特定的教育需要，安排专职教师负责不同领域的课程和教学，如配备专职的体育教师和美术教师。但必须注意的是，不管是兼职或代课教师，事先都必须熟悉班级环境和幼儿情况，在活动期间和所在班级

的专任教师做好活动记录和交接工作。如果幼儿园招收了残疾幼儿，还应该安排兼职人员或专人予以照顾，安排好他们在幼儿园的一日生活，帮助他们融入正常幼儿的学习和生活中。

（二） 农村幼儿园的编班形式

农村幼儿园的编班形式，主要有按年龄编班和混龄编班两大类。

1. 按年龄编班

目前，农村幼儿园普遍采用的编班形式是按年龄编班。这种形式便利易行，也是人口比较集中的地区，最常用的编班形式。按年龄编班通常是以幼儿的年龄作为编班的依据，将3—4岁、4—5岁、5—6岁的幼儿分别编为小班、中班和大班。教师根据各班幼儿的年龄特点，确定不同的教学内容，采用不同的教学方法。这种编班形式基于的理念是，同一年龄的幼儿具有同样的能力。然而事实上，同一年龄的幼儿不见得具有相同的能力，而很可能在发展上有着比较大的差异。为此，按年龄编班的农村幼儿园，也会采取一些弥补方式，如在一周或一日的活动安排中，安排在一段时间内实施按能力分组；在教育活动中设置活动区（或学习区），让幼儿有个别学习的机会；开展全园性或部分混龄的联谊性活动，如生日会、远足或大型庆祝活动等，为不同年龄、不同能力的幼儿提供相互交往的机会。

2. 混龄编班

当农村幼儿园规模较小、在园幼儿数量不多时，可以采用混龄编班的形式。在偏远地区和山区的村办幼儿园，这种形式尤为普遍。

混龄编班，是一种多年龄、家庭式的编班形式。一个班级如同一个社会。教师依据幼儿的能力来计划和组织教学，促进幼儿之间的互动。这种编班形式依据的理念是，幼儿园就是给幼儿提供一个像家一样的地方，幼儿可以有比较多的如家庭兄弟姐妹般交往的机会，彼此能够相互照料、学习和影响。一般来说，小型农村幼儿园采用混龄编班形式，可以营造出家庭般的氛围。

农村幼儿园在采用混龄编班形式实施教育时，为了适应不同能力的幼儿需求，可以对课程做如下调整：一是提供比较长时间的个别活动，如开展活动区活动，创设不同年龄段幼儿的交往机会；二是尽可能多安排一些时段来设计不同能力的小组教学活动，不占用大量的时间进行集体教学。

（三） 农村幼儿园保教活动的安排

农村幼儿园保教活动的安排，主要体现在对幼儿在园的一日生活进行科学、合理的安排上。

不同农村幼儿园的一日生活安排不同，这与该幼儿园秉承的教育理念和运用的教育模式密切相关。如秉承强调个人需求教育理念的农村幼儿园，通常会采用比较弹性的活动安排，个别活动时间相对较多，集体时间较少；有的幼儿园秉承以社会需求为重的教育理念，往往会执行比较固定的计划，在预定的时间内按步骤实施计划，开展集体活动，希望幼儿能够有更多机会参与到集体活动中，与其他幼儿一起游戏、学习和工作。有的农村幼儿园采用介于二者之间的模式。另外，不同教育服务类型的农村幼儿园，如全日制农村幼儿园与半日制农村幼儿园，在活动时间安排和作息上也会有不同的特点。而农村小学附设学前班的一日生活作息也有自己的特点。

1. 全日制农村幼儿园的一日生活作息安排

该类农村幼儿园绝大多数实施全日制教育。这种服务类型不仅能够满足家长科学育儿的需要，也能解除家长的后顾之忧，使他们可以安心工作。以下是全日制农村幼儿园一日生活安排和一日活动时间分配。

表 2-1　全日制农村幼儿园一日生活安排

时　　间		活动内容
上午	7：30—8：00	入园、晨检、晨间活动、早操
	8：00—9：00	早餐、活动区自由游戏
	9：00—9：35	集体教学活动（大班：30—35分钟；中班：20—25分钟；小班：15—20分钟）
	9：35—10：00	如厕、盥洗、喝水
	10：00—11：00	户外活动
	11：00—11：30	室内安静活动、餐前准备
中午	11：30—12：00	午餐
	12：00—12：20	散步或安静活动
	12：20—14：30	午睡
下午	14：30—15：00	起床、如厕、盥洗、午点
	15：00—15：35	集体教学活动（大班：30—35分钟；中班：20—25分钟；小班：15—20分钟）
	15：35—16：00	如厕、盥洗、喝水
	16：00—17：00	活动区自由游戏
	17：00—17：30	晚餐
	17：30—18：00	离园

注：以上安排主要反映了北方农村幼儿园一日生活安排的基本特点，其他地区农村幼儿园应结合本地区、农村幼儿园自身条件等情况做灵活调整。

表 2-2　全日制农村幼儿园一日活动时间分配

活动类型	时长（分）	占全部在园时间的比例（%）
生活活动（如厕、盥洗、喝水、餐点、午睡）		

续表

活动类型	时长（分）	占全部在园时间的比例（%）
游戏活动（活动区自由游戏）		
集体教学活动		
小组教学活动		
入园、离园		
过渡环节		

2. 农村小学附设学前班的一日生活作息安排

农村小学附设学前班是我国农村学前教育的一种重要形式。学前班通常附设在农村小学，一般采取幼儿上下午来班游戏和学习，中午回家吃午餐的做法。以下是农村小学附设学前班一日生活安排。

表 2－3　农村小学附设学前班一日生活安排

时　间		活动内容	
		第一学期	第二学期
上午	7：50—8：10	来班、安静活动（积木、阅读）	同左
	8：10—8：40	早操、户外自由活动	集体教学活动
	8：40—9：10	集体教学活动	早操、户外自由活动
	9：10—9：30	课间休息（如厕、盥洗、喝水）	同左
	9：30—10：00	户外体育活动	集体教学活动
	10：00—10：10	休息	休息
	10：10—11：00	室内小组活动或自选游戏	室内小组活动或自选游戏
	11：00—11：15	阅读或谈话、户外散步等	阅读或谈话、户外散步等
	11：15—11：30	离班	离班

续表

时　间		活动内容	
		第一学期	第二学期
中午		午　休	
下午	14：00—14：30	室内小组活动或自选游戏	集体教学活动
	14：30—15：00	集体教学活动	室内小组活动或自选游戏
	15：00—15：45	户外体育活动	同左
	15：45—16：00	休息	同左
	16：00—16：30	自选游戏、户外散步、简单劳动	智力游戏、阅读或谈话
	16：30—17：00	智力游戏、阅读或谈话	自选游戏、户外散步、简单劳动
	17：00—17：30	离班	离班

🔍 案 例

　　深圳投资控股有限公司幼教管理中心制定了《幼儿园一日生活实施指引》（以下简称《指引》）。《指引》将幼儿园一日生活分为生活与过渡、学习与游戏、户外活动三大类，列出幼儿园一日生活最主要的 16 个环节，在每个环节列出了幼儿能自主完成的事项与相应教育建议。

　　《指引》要求，安排一日保教活动要把握以下原则：1. 安全性，应创设安全、有序、温馨的环境；2. 整体性，要注重活动安排的整体效益；3. 稳定性与灵活性，在日程安排中需注重稳定性与灵活性相结合；4. 平衡性，幼儿的自主活动与教师组织的活动应相对保持平衡；5. 自主性，逐步引导幼儿学会自我安排；6. 合作性，成人之间要默契配合；7. 开放性，幼儿园教育与家长及社区有机结合。

摘自：深圳市投资控股有限公司幼教管理中心. 幼儿园一日生活实施指引［M］. 北京：北京师范大学出版社，2015：1 - 3.

分 析

幼儿园保教活动的安排，主要体现在对幼儿在园的一日生活进行科学、合理的安排。《指引》明确了幼儿园一日生活包含的三大类活动（生活与过渡、学习与游戏、户外活动）及各活动环节，明确了幼儿在各环节可以和能做到的主要事情及教育建议，很好地体现了《幼儿园教育指导纲要（试行）》提出的"科学、合理地安排和组织一日生活"的要求和《3—6岁儿童学习与发展指南》提出的"要珍视游戏和生活的独特价值，创设丰富的教育环境，合理安排一日生活，最大限度地支持和满足幼儿通过直接感知、实际操作和亲身体验获取经验的需要"的要求。在此基础上，《指引》还提出了安排一日生活应该贯彻的7条实施原则，有利于进一步落实保教活动的具体安排，为班级保教人员有序开展保教活动、有目的地促进本班幼儿发展提供了方向和方法的指引。

提 示

不管是全日制农村幼儿园、半日制农村幼儿园，还是农村小学附设学前班，良好的一日活动安排都应具有以下这些特征：1.愉快的开始和美好的结束；2.满足幼儿的基本生活需要；3.活动安排注意动静结合，包括室内活动与室外活动的平衡；4.提供多样化的活动形式，既有集体活动，又有小组活动和个体自由活动。每周作息和活动内容也有所变化，如安排每周一次远足或运动会、戏剧表演等；5.计划有适当的弹性或灵活性，可以根据情况变化做适当调整，或允许有一些变通。

------------------------------- 延 伸 阅 读 -------------------------------

混龄编班的重要意义

与按年龄编班相比，混龄编班有着十分重要的意义。

在混龄班里，年龄小的幼儿与年龄大的幼儿在一起游戏与生活，因而有机会向大龄幼儿学习，可以得到大龄幼儿的帮助，减少竞争压力，增加合作的机会。而且，幼儿喜欢模仿年龄、能力与地位比自己高的同伴。

年龄大的幼儿可以帮助年龄小的幼儿，与他们一起活动并得到益处。他们通过帮助年龄小的幼儿，从而获得快乐体验。研究发现，同伴教学对扮演教育者的幼儿有正向影响。他们由于帮助了别人，又得到别人的赞扬，会更加善于帮助别人。

混龄编班扩大了幼儿的接触面，使他们学会了与不同年龄的幼儿的交往技能。这种类似于家庭的编班形式可以为幼儿提供更多的角色学习经验。

第二节
农村幼儿园保教工作管理的内容和过程

一、农村幼儿园保教常规的管理

幼儿在园的一日生活要有常规。相应地，农村幼儿园保教工作也需建立相应的工作规范和程序，即保教常规。保教常规管理就是对保教工作的时间、程序和内容加以规范。这项工作对于建立良好的保教工作秩序具有重要意义，能够确保保教工作正常有序运转。而在此前提下，保教质量才有可能逐步提高。

（一） 保教工作秩序的建立

从内容看，农村幼儿园保教常规主要包括两部分：一是幼儿一日生活常规，二是保教人员一日工作常规，称为双常规。农村幼儿园在建立保教工作秩序时，应着重做好以下工作。

1. 科学安排好各类活动的时间

时间是重要的管理要素。农村幼儿园的任何活动，包括保教活动，均需在一定的时间里开展。因此，保教工作管理首先是对时间的管理。农村幼儿园应建立科学的幼儿生活作息制度（即幼儿一日生活常规），对保教人员的一日工作时间及任务（即保教人员一日工作常规）也应做出合理安排。

2. 健全保教工作制度并认真执行

农村幼儿园必须建立科学、合理的保教工作制度并严格执行，以保证保教工作能够形成良好的秩序。其中，保教工作计划的制订和实施是核心和关键。保教工作计划是园务计划的重要内容，全园保教工作计划通过班级保教计划的制订和实施得以落实。这里主要介绍班级保教工作计划的制订。

班级保教工作计划是以农村幼儿园计划和课程为依据，结合本班实际与幼儿特点，确立班级保教目标和任务要求，提出具体的实施步骤和方法等。班级保教工作计划是班级工作的开端，反映了教师对班级工作的设想和思路，是班级工作的重要依据。班级保教工作计划应是班长组织本班保教人员，共同分析班级幼儿的发展实际和本班工作状况，学习方针，领会《幼儿园工作规程》等文件精神，明确农村幼儿园现阶段的工作目标和任务，在共同讨论、统一认识的基础上制订。常用的班级保教工作计划有三类：学期计划、月计划和周计划。

（1）学期计划

制订学期计划（通常指学期班务计划），必须领会国家的教育方针政策及农村幼儿园的目标任务，分析总结上一阶段工作中存在的问题，学习了解国家的教育方针或课程标准，如《幼儿园教育指导纲要（试行）》《3—6岁儿童学习与发展指南》，结合本园的课程实际，根据不同年龄段幼儿发展的特点，结合本班幼儿的实际情况，进而提出本学期班级总的教育目标，对保教内容的各方面提出要求，为促进幼儿身心发展创造条件。通常，学期计划要规定出每月应完成的任务。学期计划的制订大致包括以下几方面。

① 分析班况，如本班幼儿目前的发展状况、各方面的表现等。在总结上学期班级教育工作的基础上，分析已取得的成绩和存在的问题。

② 提出本学期总的工作任务目标。

③ 将总目标分解为具体的各方面工作内容要求和实施方案。

④ 制订本学期的重要工作计划。

（2）月计划

根据学期计划，逐月制订班级计划。月计划制订要注意在总结当月计划执行情况的基础上，提出下月工作重点及具体要求与措施，使每月教育工作成为实现学期计划的实际步骤。

（3）周计划

月计划要通过每周保教工作才能得到落实。教师应制订出每周完成月计划的进度，进一步明确工作要求、内容和措施。在制订周计划时，应根据工作的轻重缓急和先后主次，提出一两项主要工作或教育重点，同时注意将常规工作与重点工作结合起来。在此基础上，将周计划具体化为逐日教育活动计划，明确从周一到周五的活动内容和活动形式、方法等。一般地，可以根据农村幼儿园一日生活安排的时间程序，对幼儿自入园至离园的每天具体活动做出大致规定。

表 2－4　班级一周活动安排

_____学期　第_____周　_____月_____日—_____月_____日　班级_____

时 间 内 容		星期一	星期二	星期三	星期四	星期五	双休日
入　园							
晨间活动							
早　操							
教育活动							
游戏	上午						
	下午						
午餐、午睡							
户外、自由活动							
一周工作重点							

表 2 - 5 第_____周逐日教育工作计划

班级_____ 教师_____ 日期____月____日—____月____日

本周教育工作重点：				
周/日	集体教学活动 （主题活动）	游戏活动 （室内/户外）	生活活动	备 注
星期一 ____月____日	·活动名称： ·活动目标： ·活动准备： ·活动过程：			
	执行情况及效果记录：			
星期二 ____月____日	·活动名称： ·活动目标： ·活动准备： ·活动过程：			
	执行情况及效果记录：			
星期三 ____月____日	·活动名称： ·活动目标： ·活动准备： ·活动过程：			
	执行情况及效果记录：			
星期四 ____月____日	·活动名称： ·活动目标： ·活动准备： ·活动过程：			
	执行情况及效果记录：			
星期五 ____月____日	·活动名称： ·活动目标： ·活动准备： ·活动过程：			
	执行情况及效果记录：			

3. 建立和完善教学资源系统

农村幼儿园应建立教学资源系统，为教师的教学提供援助和支持。教学资源系统包括分类整理的教具、常用教学主题的资源、可运用的社会资源名单、可参观旅游的地方、相关的教学信息等。教师要对自己班级的各种物质资源，如活动材料、教具等，做到心中有数；将这些材料合理放置，便于取放和使用；注意物尽其用，如幼儿用过的图画纸可以用于折纸、剪纸、做手工等。

4. 加强园内各部门之间的配合

保教工作也是一项系统工程。各部门组成有机联系的整体，既有各自分工担负的职责，又有相互间的协调配合。只有这样，才能保证良好的保教工作秩序，最终较好地实现工作目标，如班级保教人员密切协调配合；后勤部门创设良好的环境和条件，提供物质材料、书刊信息资料等。

（二） 保教工作程序的安排

班级保教人员是通过统一整体的形式对全班幼儿实施教育影响，这体现了农村幼儿园教育工作的特点。班级保教人员通过全面安排幼儿的生活与教育，在工作中协调配合，共同完成保教任务。为此，班级保教人员需要增强对幼儿全面负责的意识，同时将幼儿一日生活常规与保教人员工作职责有机结合，实现保教人员一日生活程序化。

1. 把常规当作重要的管理和教育手段

首先，常规是管理手段。幼儿生活制度和常规的建立，是集体保教幼儿的需要。对于保教人员来说，常规保证是保教秩序正常的关键，可以使工作有条理，有助于形成良好的工作与教育环境形式，从而提高工作效率。

其次，常规本身也是重要的教育手段。幼儿不同于中小学生，他们大量的学习是在日常生活中进行的，是在生活中培养兴趣和习惯、掌握知识、形成能力的。保教人员要注重挖掘生活常规的教育功能，通过常规培养，将道德教育同幼儿生活实践紧密结合起来，从而使幼儿不仅养成良好的生活卫生习惯，还可激发其良好的情绪情感，促进其对生活知识和社会知识技能的掌握，增强行为的目的意识，发展自理自律的能力，学会协调与他人、集体的关系，促进其社会性的发展和良好个性品质的形成。

2. 实现保教人员一日工作程序化

保教人员一日工作程序化是指在增强保教人员对幼儿全面负责意识、加深对保教结合理解的同时，通过将保教人员岗位责任制与幼儿一日生活安排、常规培养结合，对保教人员在一日生活各环节应做的工作进行具体分析，使岗位责任制的具体工作内容和要求落实到人、时间与地点，规定出完成程度与工作质量，同时进一步明确教师与保育员工作的相互联系，使保教人员一日工作程序化、规范化。

保教人员一日工作程序化，可发挥以下作用。首先，可以确保幼儿生活制度和常规得到贯彻，有益于良好保教秩序的建立，建立和谐有序的环境气氛。其次，有助于班级保教人员在工作中明确各自的职责，既分工又协调配合，提高工作效率。最后，有助于充分发挥常规作为教育手段的作用，在工作过程中真正将保育和教育工作相互联系、相互结合和相互渗透，发挥教育的整体效益，切实提高保教质量。

特别要强调的是，无论是保教工作秩序还是保教工作程序，都应具有弹性和灵活性，允许保教人员根据保教活动中幼儿的发展需要进行灵活调整和变动，保证保教工作始终以促进幼儿发展为核心和根本归宿。

案例

按某园的规定，教师应该在晚上六点下班。在实际工作中，园长体谅教师的工作辛苦，允许大家灵活掌握下班时间，只要班上幼儿全部离班、卫生收尾工作完成，就可以下班。由于绝大部分家长五点半前就把幼儿接走了，所以教师也习惯了提前下班。偶尔家长来得稍微晚一点，就会十分抱歉，教师也是勉强面带微笑接待。不少家长对此表示了不满。

园长做了认真思考。第一，园长对教师的体谅不可取，容易使管理制度和常规失去权威和严肃性。第二，怎样让教职工出满勤、干满活？工作安排需要重新调整，完善制度和常规非常有必要。此后，园里做出规定：下班时间严格执行六点，如果幼儿提前全部离班，教师应利用下班前的时间准备第二天的教育活动。规定一出，教师也踏实了，晚饭、离园环节不再"赶鸭子"，而能合理安排好幼儿晚餐后的活动，耐心等待家长，服务质量得到了提高。

摘自：张燕. 幼儿园管理 [M]. 北京：人民教育出版社，2008：166－167.

分析

保教工作的管理必须建立相应的工作规范和程序，加强保教常规管理，对保教工作的时间、程序和内容加以规范。只有这样，才能够确保保教工作正常操作和有序运转，保教质量才能逐步提高。

案例中，园长因体谅教师工作辛苦而口头允许教师提前下班。教师为了提前下班，在晚饭、离园环节"赶鸭子"，从而造成两个环节活动节奏过快，不利于幼儿进餐和安全离园。这种做法引起了家长的不满，影响了保教质量和服务质量的提高。

值得欣慰的是，园长在管理中注意到了这些问题，及时从完善保教常规入手，通过合理安排工作内容和严格执行下班时间，维护了制度的权威和严肃，使保教工作秩序得到恢复，让幼儿的晚餐和餐后活动、离园环节都得以有序安排，服务质量也有了提高。

　　为了避免以后再出现类似情况，园长应该注意的是，在调整保教常规时，不应单凭个人判断，而要在多方了解情况、征求其他管理者意见后再做决定。

提　示

　　农村幼儿园保教工作管理者要将保教人员一日工作程序化作为农村幼儿园管理的途径和手段，要特别注意以下几个方面的问题。第一，生活作息与常规要求要根据幼儿的年龄而有所不同，依季节的变化做适当调整。第二，结合当地实际和农村幼儿园自身情况。如农村幼儿园规模、当地教育行政部门对班级保教人员配备的要求、农村幼儿园可提供的服务情况及生活环节的多寡，如三餐三点、两餐一点、一餐一点或没必要设餐点的园或班所需人员情况有所不同。再如半日制、全日制与寄宿制不同。第三，结合保教人员上下班时间，制定工作程序。总之，管理者要定期或不定期检查督促，引导保教人员对照工作规范与职责进行自我评价反馈，促进保教常规的落实，使保教工作顺利开展并取得应有效果。

　　农村幼儿园除了开展例行活动，在某些特定的日子还应安排一些特殊活动，如出游或联欢，在多数情况下，需以全园或年级参与的形式开展，这更需要特别考虑，做出妥善安排。

-------- 延 伸 阅 读 --------

某园一日生活制度常规及保教人员职责（节选）

生活环节	幼儿常规	专任教师职责	保育员职责
入园、晨间活动及早操	△衣着整洁，愉快进园，接受晨检。 △有礼貌地向教师问好，向家长说再见。将外衣、帽子等叠放整齐，放在衣柜内。 △关注自然角，在教师指导下学习换水、浇水等。 △中大班同时做早操，听从教师口令，认真做操，动作规范到位。	△热情接待幼儿，指导幼儿整理好衣物，叠放整齐。 △指导幼儿为自然角换水，做观察记录等。 △关注、指导幼儿的晨间游戏。 △组织幼儿早操，教师带操动作规范，语言指令声音洪亮、有节奏，要求清楚，精神饱满地与幼儿共同锻炼。 △与保育员共同指导值日生工作。	△做好室内外清洁及室内通风工作。 △准备好毛巾，指导幼儿正确洗手、挂毛巾。 △清洗并消毒水杯，准备好开水。 △做好餐前的桌面消毒（肥皂一遍、净水两遍）及相关准备工作。 △协助教师接待幼儿。

二、农村幼儿园保教工作的视导

为了促进保教计划的落实，农村幼儿园必须加强对保教工作的视导。具体来说，对保教工作的视导包括以下三方面。

（一）对保教工作计划的审查

对保教工作计划的审查是保教工作视导的重要内容。审查要形成制度，做到规范化。园长或保教主任要认真审查各班教育工作计划，给予具体的指导和帮助。审查班级保教工作计划应注意以下几点。

1. 计划是否体现了我国教育方针和正确的教育思想，体现保教结合的理念。

2. 计划是否贯彻了全园的计划与要求。

3. 计划是否注意到上一阶段的不足之处并据此提出本阶段的任务要求，体现出计划的连续性和渐进发展性。

4. 计划是否分析了本班幼儿的具体情况，所提目标是否符合年龄特点和实际需要。

5. 计划是否包括了一日生活的各项活动，规定了每月、每周的重点培养要求和个别教育内容，考虑到与家庭的联系和配合。

6. 计划是否指出了完成任务的具体措施和方法，并对采取的活动形式及完成计划的日期做出规定。

（二） 对保教工作过程的视导

对保教工作过程的视导很重要，这是对保教工作质量监控的重要一环。通过视导，管理者能够了解班级教育计划的执行情况，掌握工作进展。为此，管理者要深入班级保教一线，督促、指导和帮助教师在保教实践中端正教育思想，改进教育方法，发现问题并及时解决。

管理者在视导班级保教工作时，要有目的、有计划、有准备地"看班"，尽可能详细观察记录教师实施计划、组织活动的情况，注意在"看班"的基础上做出分析和评价，加强检查过程中的指导，使班级保教人员清楚知道自身的优点和不足，找到改进问题的具体策略和方法。视导要综合采用多种方法和形式，将不定期检查与定期检查、全面检查与重点检查结合。通过检查与记录，管理者可以积累事实资料和典型事例，为总结工作奠定基础。视导过程中要注意推广优秀经验，促进班级保教人员之间的相互学习和交流。

园长或保教主任的检查不应走马观花，而应通过认真细致的观察，了解教师组织教育活动的情况和工作状况。管理者在教育活动的现场做观察，要着重了解以下信息。

1. 班级环境状况，包括材料准备、教育环境的创设、卫生条件等。

2. 活动设计程序安排是否合理，活动时间是否符合作息制度要求、是否动静交替、是否室内外结合，集体与个别活动、教师安排的活动与幼儿自选活动是否平衡，时间利用是否充分。

3. 注意教师与幼儿相互作用的情况。（1）在活动中，教师如何引导幼儿注意，如何提出活动任务指导方法，活动程序如何进展，如何激发幼儿的兴趣并促进其积极主动活动、操作。（2）有无根据幼儿特点予以引导，幼儿的行为表现如何。（3）教师对幼儿说了什么，做了什么。

4. 教师如何依据计划实施教育，如何随机教育，在场的其他保教人员如何配合。

管理者要在掌握这些具体情况的基础上，做出有说服力的分析，对教师给予有针对性的指导和帮助。检查记录的内容一般包括：被检查教师的姓名、班级、日期与时间，活动内容记录，分析与评价，改进工作的建议等。可以根据需要设计不同的记录格式。可以对一日活动的组织或某一教育活动做检查，也可以专门就某一方面工作，如作息执行情况，做检查。

组织教育教学活动是教师的主要职责，管理者可以与教师商讨，设计教学活动记录表，用于帮助教师改进教学工作。特别要注意的是，教师是园本课程设计与实施的主体，对教师的指导帮助必须以尊重教师本人意愿为前提。

（三） 对保教工作总结的评价

对保教工作总结的评价也是保教工作视导的重要内容。要切实保证教育过程顺利进行，不断提高工作水平，就要重视对保教工作总结的评价。在对保教工作总结评价时，管理者应该把他评（视导）和教师个人自评（反思）有机结合起来。

1. 他评——管理者对教师工作总结进行指导

管理者应要求教师按期对保教工作进行总结评价。一般地，每学期应进行一次较全面的总结，在各个阶段，如月度、季度结束时，也要适当小结。可以从以下几方面对保教工作总结予以指导。

（1）加强对总结的指导。如提出总结要求，帮助教师发现先进经验和工作中的创造性因素、特色等，引导确立具体题目或明确总结要点。

（2）注意在日常检查工作的基础上总结，将日常积累的实施材料加以汇总，包括幼儿作品、保教记录中对幼儿行为或进步情况的描述、反映保教质量效果的典型事例记录等。用真实和生动具体的事实、例证说明问题。

（3）指导教师根据保教工作实践中遇到的问题，有针对性地进行理论学习，总结经验和教训，找出取得成绩或造成失误的原因，寻找规律，以便指导日后工作。一些被保教实践证明的富有成效、符合教育规律的经验，可以纳入园所保教制度中，作为常规的一部分。

（4）将总结与交流评比相结合，促进相互学习，推广先进经验，在全园营造互帮互助、共同进步的良好氛围。

2. 自评——对教师的个人反思进行指导

管理者在深入班级、指导保教计划执行和进行质量监控的同时，还应引导教师对保教计划的实施过程和效果进行自我检查。教师对保教计划的执行情况及工作效果做记录、撰写教育日志，有助于提高他们根据计划开展工作的自觉性，提高工作质量，提升专业水平。

保教工作记录是教师在日常工作中自查的有效途径。教师通过保教工作记录自我反馈，检查工作效果，找出存在的问题和不足，分析原因，提出改进建议，为后续保教计划（课程计划）的制订提供依据。坚持保教工作记录还有利于资料的积累，便于日后整理和总结，从而不断提高保教质量和工作水平。在此过程中，教师自身也在不断提高教育技能，逐步实现自身专业成长。

保教工作记录可以附在保教计划后，特别是周计划和日计划后，便于教师进行直接对比。也可以采取灵活的方式进行保教工作记录，如保教工作日记、教育笔记等。教师可以将教育实践和计划实施中出现的有意义事件及时记录在案。

💡 案 例

期末，小班张老师撰写了一份总结，写道："一学期以来，我和班上的两名老师一起，为幼儿创设了良好的学习环境，基本完成了学期计划规定的各项任务，班上幼儿初步建立起良好的生活常规，有了较好的自理能力，情绪比较稳定，能够选择自己喜欢的游戏，参加集体教学活动时能遵守规则。工作中，我们狠抓常规教育，通过开展'灵巧的小手'等活动，让幼儿学习自己穿、脱衣服，为同伴服务，为班级做力所能及的事，效果不错。班上幼儿的发展令我们满意，但在一些方面还存在不足，以后我们会努力做得更好。"赵园长在张老师的总结上做了批注："你们的工作抓住了小班教育的主要任务，使幼儿能够情绪安定、愉快，在常规掌握和自理能力方面有了很大进步，做得很好。反思部分不够具体，建议针对本学期工作中的具体问题做深入分析，考虑下一步工作的重点和方法。"

摘自：张莅颖. 幼儿园管理基础［M］. 石家庄：河北大学出版社，2012：125 – 126.

💡 分 析

对教师的保教工作总结进行评价是农村幼儿园保教工作视导的重要内

容。视导时，应注意把管理者的他评（视导）和教师个人的自评（反思）有机结合起来。

案例中，赵园长在评价教师学期工作总结时，要求教师在工作总结中进行反思，引导教师对自己的工作情况进行自我总结和评价，有利于发挥教师的主动性，有助于管理者了解教师评价自身工作的角度和看法。同时，赵园长在教师自评的基础上进行了他评，通过批注的形式指出了教师工作和反思的优点和不足，并针对不足做了详细、具体的说明，提供了有针对性的建议。这种批注不是泛泛而谈，不是单纯地评价教师工作的好坏，而是通过分析问题和提出建议来引导教师做好下一步工作。

提示

在对教师的教育活动进行指导时，管理者应根据教育活动设计和组织环节对其进行有效指导。第一，教育活动准备环节。管理者应引导教师深刻认识园本课程建设的重要意义，鼓励教师从本班幼儿兴趣和发展需要出发并进行有针对性的课程设计，不要盲目照搬活动；为集体备课安排时间和场所；通过检查教案或直接参与集体备课活动来为教师提供针对性指导。第二，教育活动实施环节。管理者必须深入班级进行检查和指导。业务园长或保教主任应把三分之二以上的工作时间用于"看班"，在观察教育活动中做好记录，以便活动后与教师进行详细的沟通和讨论。第三，教育活动后评价环节。要把管理者的他评和教师的自评有效结合起来，遵循发展性评价的理念，和教师细致沟通，共同寻找改进和完善师幼互动的策略和方法。

-------------------- 延 伸 阅 读 --------------------

保教工作评价关注的五个问题

开展保教工作评价时，应重点关注以下五个问题。一是教育计划和教育活动的目标是否建立在了解本班幼儿现状的基础上。二是教育的内容、方式、策略、环境条件是否能调动幼儿学习的积极性。三是教育过程是否能为幼儿提供有益的学习经验并符合其发展需要。四是教育内容、要求能否兼顾群体需要和个体差异，使每名幼儿都能得到发展，都有成功感。五是教师的指导是否有利于幼儿主动、有效地学习。

第三节
农村幼儿园教研工作的管理

一、农村幼儿园教研工作的目标与任务

教研工作管理是农村幼儿园保教工作管理不可或缺的一部分。教研工作是教育教学研究工作或活动的简称，是运用已有学前教育和教学的理论知识去研究、解决农村幼儿园教育实践问题的各种工作或活动。

农村幼儿园教研工作的根本目的，是立足研究和解决农村幼儿园教育实践中的问题，在研究过程中不断改进和提高教育教学质量，使幼儿和教师都获得有效发展。因此，农村幼儿园开展教研工作，主要目的不是为了创造新的理论，而在于解决保教工作中的实际问题，改进教育实践，使研究更好地为教育教学改革服务，为提高保教质量服务。教研工作主要应采取行动研究的方法，以教师为研究主体，将教育实践与研究相结合。

在保教工作中，农村幼儿园需针对遇到的实际问题，如教育内容、形式与方法等方面的问题，幼儿园与家庭联系方面的问题，幼儿园管理体制与保教工作结构改革方面的问题等，进行研究探索，找到解决问题的答案，使农村幼儿园各项工作，特别是保教工作，能够按科学规律进行，减少工作的盲目性。

案例

县里组织申报课题，张园长召开了全园大会，请大家集思广益，看看报什么题目好。大二班王老师说："最近有个多元智能理论很火，我们可以报这个啊。"小一班姚老师说："可是理论难度有点大吧？我觉得可以做一个城市园和农村园教师工作满意度的比较。我看过这方面的研究，有现成的问卷可以用。"大一班周老师发言说："学前教育理念和政策都强调教育应因地制宜，咱们是农村园，是不是可以报一个'利用乡土资源创设幼儿园学习环境'的课题？"不少老师表示赞同。等大家都发表完意见，张园长总结："报课题要从咱园实际出发，考虑可行性和有没有价值。多元智能理论很好，但在农村园怎么应用，需要大量的学习和积累，咱们的条件还不具备。教师工作满意度的研究也很有价值，可是城乡比较就不是咱们园能够胜任的。周老师的建议比较符合咱们的情况，大部分老师也赞同，咱们就报这个吧。"

分析

农村幼儿园开展教研工作，主要目的不是为了创造新的理论，而在于解决保教工作中的实际问题，改进教育实践，使研究更好地为教育教学改革服务，为提高保教质量服务。对于农村幼儿园来说，研究的可行性先于研究的意义和价值。因此，在确定教研主题时，农村幼儿园首先应该从农村地区和农村幼儿园的实际情况出发，考虑研究的可行性。

案例中，教师关于多元智能理论的研究、关于城乡教师工作满意度的比较研究都有研究价值，但它们在幼儿园层面，尤其是在农村幼儿园层面的研究可行性不强，不是农村幼儿园单靠自己的力量就能有效解决的。相比之下，周老师的建议则反映了保教一线关心的问题，考虑到了农村地区的特殊性，更适合作为农村幼儿园教研工作的主题。张园长正确认识到了教研工作的目标和任务，她的总结和分析反映了对农村幼儿园教研工作的准确定位，对教师的指导也是合适的。

提示

农村幼儿园教研工作的根本目的不是著书立说，而是要解决保教工作实践中出现的问题，不断提高保教质量，促进幼儿的全面适宜发展。首先，管理者必须让全园教师认识到，最好的、有价值的研究主题，不是来自书本，不是来自某个专家，而是来自每天都在做的一日保教实践。农村幼儿园一日生活是最丰富的主题资源库。其次，真正的科学研究不是一定要形成高深的理论，学习理论是为了更好地解决实践问题。教研工作是否有效，根本上要看它是否有效解决了保教实践中存在的问题，是否对课程和教学的改进提供了确实有效的帮助，是否提高了教育活动的效果，是否使幼儿得到了更好的发展。充分认识并认真做到以上两点，教研工作就不会成为教师的额外负担，而是成为融入日常保教实践、促进教师和幼儿共同成长与发展的有效途径。

-------- 延·伸·阅·读 --------

农村幼儿园加强教研工作管理的重要性

教研工作是提高农村幼儿园保教质量的一种经常性手段，也是培训教师的一条重要途径。一方面，开展教研工作是提高农村幼儿园整体发展水平的需要，可以促使农村幼儿园在对自身教育、教学经验的提炼、整理的过程中，不断总结经验，攻克难关，促进教育、教学改革，形成自己的办园特色，为幼儿的全面发展提供一流的环境。另一方面，开展教研工作是促进农村幼儿园教师专业化成长的必由之路。农村幼儿园开展教研工作的过程，就是教师不断学习、不断研究、不断提高自身素质和教育教学水平的过程。在教研工作过程中，教师为了选择研究课题或者解决实践工作中遇到的难题，需要不断学习有关的教育学、心理学等知识，促使自身知识结构不断优化。同时，教师借助相关理论知识积极开展教育实践研究，找到理论向实践转化的有效途径和方法，不断提高教育教学活动的质量，自身教育教学能力也得到有效提升。

二、农村幼儿园教研工作组织与制度的建立

农村幼儿园教研工作的开展应加强领导和管理，帮助教师通过对实践问题的共同研讨，加深对相关理论知识的理解，评价分析教育行为，不断改进教育技能和方法。

（一）农村幼儿园教研工作组织的建立

农村幼儿园的教研工作应加强组织，采取集体与个人相结合的方式研究，提高效果。农村幼儿园要通过教研组的建立和教研工作的开展，将全体教师组织起来，调动他们开展教育教学研究的积极性，帮助他们在研究解决教育实践问题的同时提高自身的专业素质和业务水平。

教研组通常是按年龄班分，也就是同年龄班的教师组成一个教研组，教研组即为年级组，如大班教研组、中班教研组。教研组的类型与规模不一定统一。各园可根据本园具体情况确定适宜的组织形式，如上午班组、下午班组、不同专题组等。规模小的幼儿园可以将全园作为一个教研组，同时与其他规模相近的幼儿园组成联网组、地区教研组等。

每个教研组按人员或规模不同，设1—2名组长。教研组长应由本年级骨干教师担任，应具备较高的业务素养，有一定工作经验和组织能力。同时，要使农村幼儿园教研工作发挥实效，领导重视是关键。园里应有一名管理者主管教研工作，加强管理与指导。

设立教研组还应该考虑分组的合理性，综合考虑教研工作的分工和教

师的日常工作量，合理设置教研组和人员分工安排，避免出现一人参加多个教研组、精力不够的现象，以免影响班级保教工作的正常开展。

（二）农村幼儿园教研工作制度的建立

教研制度的建立是农村幼儿园有效开展教研工作的重要保障。具体来说，农村幼儿园教研制度包括四类。

1. 教研工作的实施制度

主要包括：管理者主持或参加教研活动；为保教人员开展教研工作提供资金、时间、场所、资料等方面的支持；聘请专家、学者对教研课题或主题进行指导；安排教研人员、课题组成员参加学术交流活动；组织教研人员、课题组成员外出参观和考察等。

2. 教研成果的交流制度

主要包括：定期交流园内各课题、各教研组的研究成果；要求专家、学者对课题、教研成果进行指导；鼓励教师公开发表教研、课题研究成果；宣传幼儿园的教研、课题研究成果，接受各方面的监督和反馈信息。

3. 教研工作的评价制度

主要包括：建立教研工作评价制度，对园内各项教学研究、课题研究的成果给予积极肯定，注重过程评价；加强在研究过程中的指导，提供有针对性的改进建议；对教职工公开发表或未公开发表的研究成果进行统计、备案，作为后续园本课题研究的基础和奖励的依据。

4. 教研成果的奖励制度

主要包括：坚持物质奖励和精神奖励相结合的原则；根据研究成果的重要程度和影响大小（如是否公开发表、成果是否获奖等）给予不同的奖励；设立教研方面的奖励制度，经过公开、公正、公平的评选，授予有突出表现的个人和教研组。

除了以上四类的主要制度外，农村幼儿园教研工作制度的建设还包括教研计划的制订与执行制度；定期观摩研讨制度；结合教研工作，制定教育理论、政策的学习制度等。

案例

胡老师是园里的骨干，参加了好几个教研组活动，还是区级课题组的负责人之一。她周一参加科学教研组活动，周二主持中班教研组活动，周三参加环境创设教研组活动，周四参加党小组活动，周五去区里接受培训。参加教研和课题利用的大部分是中午时间，偶尔会耽误半天时间，但班上正常的保教活动还是受到了影响。配班的李老师不得不额外承担一些本该胡老师负责的工作。时间一长，李老师难免有点儿不高兴。而胡老师因为研究任务重，经常加班加点，带班有时会出现精神状态不佳、活动组织效果不太理想的情况。她自己也觉得很累，但又不想糊弄，想把带班工作和教研工作都尽力做好。园长看在眼里，找时间跟胡老师长谈了一次，建议她首先保证正常带班，然后再根据自己的精力和特长，有目的地选择教研组。胡老师经过认真考虑，选择了中班教研组和区级课题组。胡老师恢复了往日的活力，带班和教研工作都做得很出色。

分析

农村幼儿园在设立教研组时，要综合考虑研究任务量和教师日常工作量的关系，合理设置教研组和人员分工安排，避免出现教师在教研和正常带班之间兼顾不周、精力不够的现象，以免影响班级保教工作的正常开展。

案例中，胡老师是园里的骨干，理应发挥她在园本教研和课题研究中的积极作用。但是，她一人参加了三个教研组、主持一个区级课题研究，这样的研究任务明显过重，致使她虽然想要兼顾研究和教学，但实际上两方面工作都受到了影响，不仅影响到和配班教师的合作，也影响到班级保教工作的质量。对此，园长通过谈话，引导胡老师正确处理教研和正常带班的关系，建议她做出合理选择，这不仅对胡老师个人有帮助，也对教研组织的设立有启发。

提示

农村幼儿园教研工作的顺利开展需要完善的组织和制度做支撑。为加强教研工作制度建设，有三个问题应该注意。第一，加强对园本教研管理者的培训。教研管理者包括园长、保教主任（业务园长）、教研组长等。除了上级教育行政部门应该加强对管理者培训以外，农村幼儿园内部也应该加强对管理者的培训，如每两个月一次的教研组长会议制度，保证了对本园教研工作开展现状的回顾和分析，从而从总体上把握各教研组、课题组活动的主题、计划、进展等情况，厘清教研工作发展方向，明确教研工作总体思路等。第二，健全园本教研的激励制度。发挥目标激励的作用，重视情感激励的功能，引入合理竞争机制，调动教师参与教研工作的积极性。第三，完善园本教研评价制度。要把促进教师专业发展、提高保教质量作为园本教研评价的根本目的，按照发展性评价的理念，把过程评价和结果评价相结合，把教研管理者评价和教师自评相结合，确保评价的客观性。

------------------------------ 延·伸·阅·读 ------------------------------

幼儿园教研组长的职责

幼儿园教研组长应该履行以下五方面的职责。一是对教师日常教育活动准备情况进行督促和检查。组织成员进行集体备课，汇集集体智慧，研讨教育活动设计方案。二是带领小组成员认真反思教育活动，总结经验。积极组织小组成员共同观摩教育活动，引导成员发现活动中的"闪光点"，组织大家讨论分析其中的合理做法和值得借鉴的做法，帮助成员不断增强分析和解决实践问题的意识。三是带领成员认真反思教育活动，发现问题和不足，共同寻找问题背后的原因，商讨解决办法。四是带领小组成员一起组织幼儿园的各项大型活动，如运动会、节日庆祝活动、开放日活动、社区参观活动等。五是向园长和保教主任汇报保教工作开展情况，反映小组成员的意见和建议，接受管理者的检查和指导。

三、农村幼儿园教研工作管理的方法

要加强教研工作管理，除了有完善的组织和制度做基础，农村幼儿园还要掌握科学、正确的方法。

（一）选好教研工作的主题

农村幼儿园教研工作的根本目的，是解决农村幼儿园教育实践中的问题。因此，农村幼儿园教研工作的主题不应来自某个理论，而是来自保教实践的第一线，反映教师在保教实践中亟待解决的问题。只有这样，才能真正调动教师学习和参与教学研究的积极性，在探究解决保教实践问题的过程中培养其科学研究的能力。为此，农村幼儿园教研工作管理者要善于鼓励教师从保教实践中发现有价值的研究主题，通过指导，帮助他们学会对备选主题进行筛选，并对选定的主题提出有针对性的建议。

（二）做好教研工作计划

农村幼儿园教研工作的开展必须有计划、有目的、有组织地进行。教研工作的主题或内容确定后，应尽快制订详细的教研工作计划，对教研工作的目的、意义、内容和分阶段任务、方法和人员分工、时间进度安排、预期成果等一系列问题做出详细安排。教研工作管理者要对活动计划进行审查和指导，提出有针对性的调整建议，同时要对计划的执行情况进行监督检查，注意计划是否得到了严格执行、计划在执行过程中进行了哪些调整、调整是否合适等。特别要注意的是，教研工作计划的制订和执行应该和教师一日保教活动紧密联系，以一日保教活动为主要实施途径。只有这样，才能检验教研工作是否真正有助于保教实践的改进。

（三） 灵活采用多种形式

农村幼儿园教研工作的开展应以园为本，把园本教研活动作为主要的活动形式，从本园实际出发，开展有助于保教质量提高的多种教学研究。在开展园本教研工作时，我们要灵活采用多种形式，如看、评教育活动，看、评半日教育活动，教研组组内教研活动，教研组之间的交流活动，外请专家参与教研活动等。为此，管理者要在活动计划制订阶段就参与讨论，对教研活动、课题研究采取的方法、形式等提出建议，进行指导，鼓励教研组、课题组通过多种形式探究解决保教实践问题的有效途径。

（四） 保证时间和经费投入

农村幼儿园教研工作的开展要按照活动计划确定的时间进度严格进行，定期召开教研例会，研究解决教研、课题研究开展过程中存在的具体问题。其他活动不得挤占教研工作时间。参与人员要按照幼儿园或教研组、课题组的安排准时参加。教研工作或例会前应做好充分准备，每位参与者都要认真参与，做好活动和会议记录。

为保证教研工作和课题研究活动的顺利开展，农村幼儿园要根据全园预算，设立教研工作专项经费，用于为教研人员外出学习和培训、开展园内活动、购买相关资料和设备、教研奖励等。

💡 案 例

某园教研工作的组织根据教研工作任务和参加对象的不同，分为四类。第一，全园性业务学习。主要任务是帮助保教人员树立正确的儿童观、教育观，主要内容是学习相关教育政策法规、先进的理论和实践经验。一般两周一次，活动形式有阅读讨论、观摩研讨、参观等。第二，年级教研组备课。主要任务是研究、制订本年级的学期、月、周或单元主题活动的教育工作计划，主要内容是分析幼儿发展状况，研究教育教学内容，设计教育活动。一般每周一次，由年级组组长召集并组织讨论。第三，课题组专题教研活动。主要针对某一专题，由来自不同年龄班的教师共同参与，活动形式有理论学习、现场观摩和研讨。第四，教研与教师培训相结合。在同一教研组开展"传、帮、带"活动，提高教师（特别是青年教师）的教育教学水平。

摘自：张燕，邢利娅. 幼儿园管理案例及评析［M］.

北京：北京师范大学出版社，2002：166－167.

分 析

教研工作管理是农村幼儿园保教工作管理不可或缺的一部分。教研工作能否真正发挥提高教师专业化水平、提高园所保教质量的作用，很大程度上取决于是否有科学、有效的教研工作管理。

该案例反映出了该园非常重视教研工作的组织和管理。他们在教研工作的组织和管理中采取了按教研工作任务和参加对象不同对教研工作进行分类的做法，主要分为全园性业务学习、年级教研组备课、课题组专题教研活动、教研与教师培训相结合。每类活动都明确了任务、内容、活动频率、具体措施，计划周密，内容全面，方法得当，对农村幼儿园教研工作管理有很强的示范作用，值得借鉴。

提 示

要加强对农村幼儿园教研工作的管理，通过管理发挥教研对教师专业素质提升、保教质量提高的积极促进作用，就必须在园内建立起由管理者、班级保教人员参与的研究共同体，为此应该注意三方面的问题。

第一，营造平等、愉快的教研氛围。教研工作管理者要以参与者的身份与教师共同研讨，及时鼓励和肯定教师的想法，同时通过游戏、情境表演等方式开展教研工作，让教师在快乐中有所收获。

第二，加强教师研究能力的培养。一方面，引导教师结合保教实践问题进行有针对性的理论学习，帮助教师发现、了解实践问题背后的本质。另一方面，注意培养教师的问题意识。如果缺乏问题意识，教师就不会发现和提出问题，就不能找到保教一线亟须解决的关键问题，在教研中也有可能偏离问题。管理者应该鼓励教师在日常教育实践中及时记录自己的困惑和问题，通过教研加以交流，管理者把握共性问题，形成核心话题，增强教研的针对性。

第三，发挥同伴互助的作用。同伴互助是园本教研的核心要素，是教师经验交流、相互学习、共同成长的有效途径。同伴互助除了年级教研组、分领域教研组等形式外，还可以通过师徒制（老带新）的方式发挥骨干教师的示范作用，帮助新教师更快地成长。

---------------------------------·延·伸·阅·读·---------------------------------

幼儿园教研工作管理中的常见问题

幼儿园教研工作管理常见的问题包括：第一，支持不力，主要表现为教研组、课题组的研究缺乏有效的时间保证，缺乏相应的资金支持和相关研究资料的提供；第二，急功近利，主要表现为片面强调研究成果，忽视研究过程，导致幼儿园研究成果数量多、质量低，教师心态浮躁，不能潜心研究如何有效改进教学；第三，虎头蛇尾，主要表现为研究开始轰轰烈烈，中间断断续续，结尾无声无息，教师未能真正深入研究如何解决实践问题，研究收效甚微；第四，孤掌难鸣，主要表现为教研组之间缺乏积极的沟通和交流，有限的组员单打独斗，缺乏有效的指导和支持，研究成果在园内推广缺乏有效支持。

------【思】------【考】------

1. 农村幼儿园保教工作的视导包括哪些内容？

2. 农村幼儿园教研工作管理的方法有哪些？

第三章
农村幼儿园班级管理

　　班级是旨在实现教育目标、人为组织的带有一定强制性的集体，是由幼儿和保教人员共同组成的学习集体。它是农村幼儿园的基层组织，是农村幼儿园实施保教任务的基本单位。

　　农村幼儿园班级管理是指教师采用适宜的方法组织教学、环境、时间、空间等因素，支持、引导幼儿学习与发展的行为和活动。它是农村幼儿园有效教学的重要成分。良好的农村幼儿园班级管理是影响幼儿学习与发展的最有利因素，更是农村幼儿园保教工作管理的重要组成部分。班级管理水平的高低，在很大程度上也反映出农村幼儿园管理水平的高低。

第一节
农村幼儿园班级管理的目标与策略

　　在制定班级管理策略时，教师应该考虑什么样的班级环境能够有效支持幼儿的学习和发展以及创设这种环境需要的规则和要求是什么。此外，教师还应学会如何让幼儿遵守班级规则、如何奖励幼儿的守规则行为等。

一、农村幼儿园班级管理的目标

农村幼儿园班级管理的目标，是培养幼儿的自我管理和自我服务的能力，帮助他们更好地适应农村幼儿园生活、更有效地学习和发展。

为实现这一目标，农村幼儿园要安排和组织好幼儿在园的一日生活，帮助他们理解常规，按照规则开展生活、游戏和学习活动，逐渐培养起自我管理和服务的能力。

二、农村幼儿园班级管理的策略

在班级管理中，教师可以采用的策略和方法有很多。其中，有效的策略包括以下几种。

（一） 全面关注

全面关注是指教师对班里发生的每件事都留心观察，认真思考，也就是"眼观六路，耳听八方"。这样做能帮助教师在幼儿行为问题发生之前采取措施，做出反应，避免不良后果的产生。

（二） 并行处理

并行处理是指教师在同一时间内能够兼顾到对教室（活动室）里多种活动的管理，进行多任务处理，也就是"一心多用"。如教师正在指导幼儿进行美工区的活动，环顾活动室时发现建构区的幼儿正在吵闹，于是就边提示美工区的幼儿继续活动，边走到建构区了解情况，要求幼儿停止吵闹。擅长班级管理的教师必须同时做好几件事：查看周围发生的事情；把握一日生活各项活动的进展；关注每名幼儿参与活动的情况。

（三） 保证过渡环节的高效

幼儿的很多问题行为发生在过渡环节，即活动转换环节。如活动区活动结束后，幼儿需要收拾、整理好玩具后去户外活动，收拾快的幼儿需要在门口排队等候。这时，一部分幼儿容易因无事可做而出现问题行为。作为有效的班级管理者，教师应该安排好一日活动的过渡环节，减少幼儿的不必要等待，避免幼儿的消极等待，减少问题行为的产生。

（四） 调动幼儿的兴趣

教师应使用各种教学方法来调动幼儿参与活动的兴趣，关注如何让活动变得更加有趣，从而使大多数幼儿能在没有教师指导的情况下专注地参与活动。

（五） 维持幼儿的兴趣

教师应为幼儿的自由游戏提供充分的时间和空间，灵活运用多种方法维持幼儿参与生活、游戏和学习活动的兴趣。由于幼儿的注意力持续时间较短，不太可能在较长的一段时间内持续做一件事，所以教师应随时提供新的活动内容，以免幼儿失去兴趣。

案例

刚转入大一班的玲玲自信又独立，每天都是自己上幼儿园。最近，她不愿意上幼儿园了，问她为什么，她什么也不说。后来，林老师通过观察，终于找到了原因。玲玲的衣服总是又破又脏，不太讲个人卫生，所以其他幼儿都不愿意跟她玩，还私底下议论她。自尊心强的玲玲听到议论很不高兴，和小朋友发生了冲突。林老师去家访，发现玲玲家庭条件困难，爸爸外出打工，妈妈照顾她和两岁的弟弟，还要做家务、养猪、干农活，根本顾不上照管他们的日常卫生。林老师给玲玲妈讲了不良卫生习惯可能给幼儿带来的负面影响，玲玲妈表示以后一定会注意这些问题。林老师回到园里，在捐来的衣服中找了几套适合玲玲和她弟弟穿的衣服并送了过去。玲玲终于可以穿着干净整齐的衣服来园了。为了让班上的幼儿接受玲玲，林老师还经常抱抱她，有意识地牵她的手做游戏。在林老师的影响下，大家很快接受了玲玲，主动邀请她一起做游戏。玲玲恢复了原来的自信，还交了几个好朋友。

摘自：王化敏. 给幼儿教师的一把钥匙——幼儿教师教育实践策略指导 ［M］. 北京：教育科学出版社，2008：135 – 136.

分 析

班级管理的目标，是培养幼儿的自我管理和服务能力，使幼儿更好地适应幼儿园生活，更有效地学习和发展。为实现这一目标，幼儿首先需要在心理上认同所在的班级，对班级产生归属感。

案例中，玲玲因为个人卫生不好而受到其他幼儿的排斥，影响了她对新班级的适应，这是班级管理应关注的重点。要解决这一问题，教师要从创设温馨、安全、接纳的心理环境入手，消除玲玲心中的敌意。为此，林老师先做家访，了解到了玲玲个人卫生不好的原因，帮助玲玲妈认识到给孩子讲卫生的重要性，赢得了家长的支持。同时，林老师提供捐助的衣服给玲玲，使她能够干净整齐地上幼儿园，维护了玲玲的自尊心。最后，林老师通过抱玲玲、牵她的手做游戏来影响其他幼儿对玲玲的态度，幼儿也逐渐地接纳了玲玲，学会了对玲玲宽容和友好。

提 示

有效的班级管理策略，能使教师的班级管理工作事半功倍。但是，在选用适宜的策略时，教师应该特别考虑四个方面的问题。第一，要创设温馨、安全、接纳的心理环境。 幼儿对幼儿园和班级生活的适应，首先与他们感受到的心理氛围息息相关。 温馨、安全、有序的心理氛围是幼儿在园愉快、主动学习的基本前提和重要保证。 第二，一日生活常规应该合理满足幼儿生活、游戏和学习活动的需要，确保过渡环节的安全，避免由于常规不合理导致幼儿出现消极、不当行为。 第三，班级管理应该尊重幼儿作为班级主人的地位，倾听幼儿对班级管理规则的想法，为所有幼儿提供平等地参与班级管理和制定规则的机会。 第四，积极吸引家长参与班级管理，做好家长工作，使家长在班级管理常规的制定、执行及活动开展等方面能够积极参与。

----------------- 延 伸 阅 读 -----------------

有效班级管理者的六个特征

有效的班级管理者通常具有以下六个特征。

1. 准备能引导幼儿掌握课堂规则和程序的清晰而具体的方案，花费必要的时间执行该方案。

2. 帮助幼儿积极参与活动，避免个别幼儿处于无所事事或无监督的状态。

3. 开学之初用更多的时间和幼儿讨论班级规则。

4. 教给幼儿遵守规则的具体程序。

5. 给幼儿安排的任务通常是简单的，却又是令人愉快的。

6. 能运用各种常规帮助幼儿形成良好的学习氛围，还能阻止其各种消极行为的发生。

摘自：陈帼眉，姜勇. 幼儿教育心理学 ［M］.
北京：北京师范大学出版社，2007：201.

第二节
农村幼儿园班级日常生活管理

班级日常生活管理是农村幼儿园班级管理的重要内容，其重要意义在于使幼儿在每日活动中得到细致的照顾和科学的健康教育，同时引导幼儿在生活中学习。因此，班级日常生活管理的特点主要表现为教育生活化。

一、农村幼儿园班级日常生活管理的内容

班级日常生活管理有两大要点，即对幼儿进行身心养护和生活指导。其中，对幼儿进行身心养护是实施教育的基本前提和基础，强调教师要注重在一日生活中把保育和教育结合起来，促进幼儿生理、心理的健康和谐发展。生活指导是指教师要对幼儿的生活态度、生活方式、生活习惯和能力进行指导。教师引导幼儿在生活中学习，突出一日生活中的养成教育。具体来说，农村幼儿园班级日常生活管理的内容主要包括以下四方面。

（一） 幼儿健康状况的观察和检查

班级保教人员要根据卫生保健制度的要求，每日坚持对幼儿进行晨间检查和全面观察，通常要做到"一摸、二看、三问、四查"。"一摸"指摸摸幼儿的额头，看有无发烧；"二看"指看咽部、皮肤和精神情绪状态；"三问"指了解幼儿的饮食、睡眠和大小便的状况；"四查"指检查有无携带不安全物品，发现问题及时处理。教师制作晨检卡，用以记录检查的内容及结果，以便做到全面观察、个别照顾。教师在了解班级每名幼儿生长发育情况的基础上，对幼儿身体健康状况做出正确评价，在一日生活中

给予相应的照顾。

表 3 - 1　晨间检查及一日观察异常情况记录表

日期	姓名	班级	晨检情况			全日观察情况		交班要点		
			体温、精神、口腔、皮肤等	家长代诉	处理	体温、精神、食欲、大小便、睡眠	处理	用药	其他	签名

说明：本表由保健医晨间检查后填写，交各班保育员。保育员观察本班幼儿并做好记录，然后签名，于下班前交保健医。

（二）　注重对幼儿的生活护理，　培养其良好行为习惯

班级保教人员要认真执行生活制度，加强对幼儿的生活护理。可以根据天气、幼儿体质的差异和户外体育活动前后的幼儿表现等情况，及时让幼儿增减衣服，避免幼儿着凉或受热。按时开饭，保证幼儿进餐的时间和进食量。指导幼儿文明进餐，餐前、餐后不做剧烈运动。保证幼儿有充足的睡眠。保证幼儿的饮水量，除了安排饮水时间，更要强调让幼儿随渴随喝。允许幼儿随时如厕，注意培养幼儿在清洁活动中的自理能力。提醒和帮助幼儿擦鼻涕、梳头、剪指甲等。

教师要注重建立一日生活常规，帮助幼儿养成良好的生活卫生习惯，知道饭前便后、手脏时要洗手，学习正确的洗手方法；能独立进餐，养成不挑食、不剩饭菜等良好的进餐习惯；不乱丢果皮纸屑，知道保持物品、

玩具清洁,有环境卫生意识。

(三) 创设良好的生活环境和和谐的心理氛围

班级保教人员要注重为幼儿创设良好的生活环境,营造班级良好的人际心理气氛。要保持室内空气流通,午睡时掌握关窗、开窗的时间。创设安静、舒适、清洁和安全的进餐、睡眠和活动环境。定时定期做好消毒工作,如被子、毛巾、玩具消毒,定期换、晒被褥。应注意不同性质活动的交替安排,户外活动掌握好幼儿的活动量。

在创设良好的物质生活环境的同时,教师还应该为幼儿营造良好的人际心理氛围,让幼儿在一日生活中情绪愉快、平稳,避免过度亢奋、浮躁不安或过于压抑。教师要调整与幼儿相互沟通和交流的方式,关注、倾听和接纳幼儿,避免从成人角度居高临下地对待幼儿,特别注意不要将不良情绪带到班级中。

(四) 加强安全管理和教育

教师要能结合一日生活中各类活动的开展,对幼儿进行安全管理和教育。具体来说,班级日常生活中的安全管理和教育应做好以下几方面的工作。

1. 防患于未然,加强预见性

教师应事先预料可能发生的危险,如能意识到并发现户外活动场地或设施是否存在安全隐患,采取必要的防范措施。这是维护幼儿安全的首要原则。

2. 活动安排有序,稳定幼儿情绪

幼儿情绪浮躁,往往是因为活动组织不力、活动安排不适宜,导致的活动秩序混乱,从而引发幼儿情绪波动,这也是一种不安全因素。教师应

建立符合幼儿身心特点的生活制度与常规，适当充实教育活动内容，有条理、有节奏地组织活动，形成和谐有序的环境氛围。

3. 提供充分的活动时间和空间

教师应为幼儿提供充分的活动时间，让幼儿能够从容地从事各种活动，减少因"赶"时间而带来的活动危险。同时，教师也要为幼儿创设足够的活动空间，避免幼儿由于过于拥挤而发生危险，造成意外伤害。

4. 教育和信任并重，处理好管与放的关系

教师帮助幼儿了解行为规范，加强管理与指导，同时又不过分限制幼儿身心发展的需求，以活动促发展，促进幼儿运动能力和行为协调能力的提高。在此过程中，教师帮助幼儿掌握安全活动规范，培养幼儿的自我保护能力和安全意识，不要硬性限制或单纯禁止幼儿的自由活动。

总之，班级日常生活的安全管理与教育应从消极防范转变为积极促进。教师要在各项活动中给予具体引导，注意培养幼儿适宜行为的养成，逐渐使教育活动的组织做到收放自如。

案例

依扬一直都很喜欢上幼儿园。可是在国庆长假后的每天入园时，她都会抱着妈妈不放手。在每天的活动中，她也情绪低落，吃饭没有原来多。有一阵子，她还和同伴发生冲突。有一天，张老师发现依扬漂亮的小辫子不见了，变成了短发。张老师问她："你怎么把头发剪了呢？""爸爸不会梳。""妈妈呢？""那次爸爸打了妈妈以后，妈妈就没有回家。""昨天是谁给你梳的？""是晚上去奶奶家，奶奶给梳的。"张老师的心一紧，难怪依扬最近的头发总是没有以前梳得好，难怪她总是对妈妈依依不舍。张老师很后悔这段时间对依扬的反常表现没有做深入分析，紧紧地将她抱在怀里，说："傻孩子，爸爸不会梳，可以请老师帮你啊！"

此后，张老师经常和依扬聊天，抱一抱她，鼓励和表扬她，还专门和依扬的父母进行了沟通，帮助他们分析父母闹矛盾对幼儿情绪的影响，希望他们能有效调整自己的言行。依扬父母也意识到了问题，表示要尽一切努力将对孩子的伤害减到最小。此后，依扬不再吵着不来幼儿园了，快乐的笑容又回到了她的脸上。

摘自：王化敏. 给幼儿教师的一把钥匙——幼儿教师教育

实践策略指导 [M]. 北京：教育科学出版社，2008：4 - 5.

分 析

保教人员要为幼儿创设良好的生活环境，营造班级良好的人际心理气氛。一方面，保教人员应充分认识到幼儿情绪发展变化的特点。幼儿的情绪易受环境变化的影响，不善于用语言表达自己的情感，往往用行为来表达高兴、悲伤等情绪，缺乏自我表达和调节、控制的能力。依扬面对父母的感情不和，产生了失去亲人的强烈恐惧和焦虑，表现出对母亲的特别依恋，出现了反常情绪和行为。另一方面，幼儿情绪的调节离不开成人的爱和帮助。案例中，教师一直细心观察依扬的情绪和行为的变化，直到从与幼儿关于发型变化的对话交流中才了解到她情绪和行为变化的原因。和她聊天、抱一抱她、鼓励和表扬她等这些做法化解了依扬的恐惧和焦虑，让依扬的情绪得到了有效调节。

提 示

保教人员应为幼儿创设良好的生活环境、和谐的心理气氛，让幼儿在一日生活中情绪愉快、平稳，避免过度亢奋、浮躁不安或过于压抑。为此，保教人员应重点做好以下工作。首先，积极关注幼儿的心理状况，正确认识幼儿情绪情感发展和变化的特点，通过在保教活动中观察、与幼儿交流、与家长交流等多种方式，随时把握幼儿情绪的变化。其次，营造充满爱的心理氛围，包容和接纳幼儿表现出来的违反常规的不良情绪和行为，通过拥抱、鼓励等方式安抚幼儿，让他们感受到成人的爱和支持，通过与幼儿、家长的沟通和交流找到幼儿情绪和行为变化的深层原因。再次，调整与幼儿沟通和交流的方式，避免从成人角度居高临下地对待幼儿，特别应注意不要将不良情绪带到班级中。

----------- 延·伸·阅·读 -----------

幼儿的身体健康和心理健康相互影响

　　研究发现，幼儿如果整天生活在处于紧张和高度压力状态下的家庭中，容易得呼吸道和肠道疾病。情绪影响身体发育的极端案例是"爱缺乏侏儒症"。国外文献记录：一名 4 岁的女孩，父母白天外出谋生，整天把她关在家里，没人跟她交往。她非常孤独，父母还经常虐待她。儿童福利机构发现后进行干预，把她收进社区幼儿园中。刚入园时，她表现出典型的"爱缺乏侏儒症"症状。与同龄幼儿相比，她身材矮小，体重过轻，骨龄不成熟，生长激素分泌量偏少。当生活环境得到改善、过上正常健康的生活后，她的生长激素的分泌很快恢复到正常水平。但如果耽误了治疗时间，这种病便会成为永久性的终生不愈症。

　　摘自：王化敏. 给幼儿教师的一把钥匙——幼儿教师教育实践策略指导［M］. 北京：教育科学出版社，2008：7.

二、农村幼儿园班级日常生活管理的策略

　　要做好班级日常生活管理工作，教师应将教育渗透于幼儿在园的一日生活之中，实现教育与生活的一体化。教师应具有较强的教育意识和随机教育能力，在生活中随时引发和诱导，培养幼儿良好的生活习惯和能力，发掘和有效组织生活中的多种教育因素，把握教育契机，因势利导，把计

划性和灵活性有机结合起来。要使班级日常生活有序进行，保教人员应明确各自职责，认真执行保教工作常规，在一日活动中密切配合。具体来说，可以采取的策略包括以下几方面。

（一）　注重活动安排的整体效益

幼儿在园的一日生活是一个整体，一日生活中各类活动（入/离园、教学活动、自由游戏、生活活动、户外活动）的安排与组织应充分发挥活动间的互补作用，做到让幼儿在生活中学习、在游戏中学习。

一方面，班级日常生活管理应树立效益观。幼儿园教育必须注重一日生活安排与组织的效益，即促进幼儿身心全面和谐发展。在幼儿园，教师的角色既不是母（父）亲，也不是一般意义上的同伴，而是以专业的眼光赋予学习者和学习以价值的人。

另一方面，班级日常生活管理应树立整体观。一日生活中各环节教育价值的充分发挥，取决于各环节的有机配合与合力。因此，教师应从整体观出发，有机整合各个环节、各项活动，努力提高各项活动的整体成效。

（二）　成人之间要默契配合

保教人员在一日生活安排与组织工作中的配合，体现了教育的一致性。保教人员之间如果配合不当、不一致，会导致一日生活安排的无序，不利于幼儿心理控制感和安全感的产生，会使他们在适应幼儿园生活方面出现问题，进而影响他们对幼儿园各项活动的参与程度，最终影响其学习和发展。

（三）　帮助幼儿了解生活常规及其变化

入园之初，教师应花时间向幼儿介绍和讲解一日生活制度和常规，这样做有助于幼儿对幼儿园环境产生控制感和安全感，使他们能够预知下一步要做什么，从而更好、更快地适应在幼儿园的生活。班级日常生活制度和常规如果有调整和变化，教师一定要提前告诉幼儿，使幼儿提前做好心理准备，从容应对。

（四） 逐步引导幼儿学会自我安排

在班级日常生活管理工作中，教师应帮助幼儿将生活制度和常规内化，引导其逐步实现有效的自我安排与管理，引导幼儿逐步实现有规律地在园生活，培养其良好的生活习惯、时间感和秩序感，最终实现良好的自我管理。

案例

我们班幼儿的卫生习惯比较差。天气一热，很多幼儿身上就会有一股刺鼻的气味。为解决这个问题，我组织了一系列卫生教育活动，可他们的卫生习惯还是没有多大变化。怎么办？我想起北京一位特级教师的做法，于是和幼儿一起做了"细菌培养"实验。我找来两个玻璃杯，分别装上了干净的水和幼儿漱过口的水并放在自然角，引导他们观察。两周过去了，幼儿发现："干净的水的颜色没有变化，漱口水的颜色却发黄泛绿了，还有一股臭味！漱口水为什么变臭了？不刷牙的嘴里会有这么多细菌啊！"幼儿都很惊奇，说以后一定要刷牙。为了让家长也认识到保持良好卫生习惯的重要性，我特意召开了一次家长会，让幼儿带家长观看"细菌培养"实验，向他们讲解不良卫生习惯对幼儿健康的危害。活动结束时，家长们纷纷表示会积极配合幼儿园的工作，在家也会为幼儿做好卫生习惯培养工作。

摘自：王化敏. 给幼儿教师的一把钥匙——幼儿教师教育实践策略指导 [M]. 北京：教育科学出版社，2008：8－9.

分 析

　　首先，幼儿卫生习惯的培养不是单靠教育活动组织就能实现的。案例中，教师针对幼儿卫生习惯差的问题组织了一系列教育活动，但却没有真正改变他们的卫生习惯。之所以出现这种现象，可能是由几方面原因引起的：一是家长不重视幼儿卫生习惯的培养；二是家长自身的卫生习惯比较差，忽视了幼儿的卫生习惯的培养；三是说教式教育不利于幼儿内化卫生习惯。

　　其次，幼儿卫生习惯的养成必须建立在对卫生习惯的认知和情感接纳之上。案例中，教师和幼儿一起做漱口水的"细菌培养"实验，让幼儿通过实验看到不刷牙的后果，使刷牙、讲卫生成为幼儿的主动积极行为。同时，幼儿良好生活习惯的养成离不开家长的密切配合。

提 示

　　农村幼儿园在管理班级幼儿的日常生活时，应特别重视温馨、安全的心理环境的创设，这是幼儿在园健康、快乐成长的重要环境。其中，师幼关系中体现出来的心理氛围是幼儿能够感受到的最直接的心理环境，对幼儿影响最为深刻。幼儿通过师幼关系，能够感受到教师的态度，这会直接影响到幼儿对幼儿园生活的适应性，影响到幼儿参与幼儿园各项活动的积极性，影响到幼儿对学习活动的投入程度。为此，《幼儿园教育指导纲要（试行）》指出，要让幼儿"在快乐的童年生活中获得有益于身心发展的经验"。《3—6岁儿童学习与发展指南》强调，要"营造温暖、轻松的心理环境，让幼儿形成安全感和信赖感，如保持良好的情绪状态，以积极、愉快的情绪影响幼儿；以欣赏的态度对待幼儿。注意发现幼儿的优点，接纳他们的个体差异，不简单与同伴做横向比较"。《幼儿园教师专业标准（试行）》指出，教师应"重视自身日常态度言行对幼儿发展的重要影响与作用，建立良好的师幼关系，帮助幼儿建立良好的同伴关系，让幼儿感到温暖和愉悦，建立班级秩序与规则，营造良好的班级氛围，让幼儿感受到安全、舒适"。

------------------------------ 延·伸·阅·读 ------------------------------

有效安排幼儿园一日生活的价值

教师对幼儿在园一日生活进行合理、有效的安排，对于促进幼儿的发展有多方面的价值，主要表现在以下方面。

1. 给幼儿带来控制感和安全感。安排有序、连贯的一日生活，能使幼儿在身体和情绪的转换中感到舒适和安全，减少由于环境不确定和多变带来的焦虑、紧张。

2. 促进幼儿的主动学习。合理的一日生活安排能对幼儿在一天中每个环节要进行的活动做出规定，但在每个环节中可以做什么，则由幼儿来决定，这会极大地促进幼儿的主动学习。

3. 促进幼儿的社会交往。合理、有序的一日生活能为幼儿提供多种不同的社会交往机会，如共同商讨规则（常规），在规则指导下进行分享、合作甚至是冲突解决，在小组、集体中进行不同范围的交往……

4. 为教师提供观察幼儿真实表现的机会。当有序的一日生活安排（常规）内化为幼儿自己的行动准则后，他们就可以自然、投入地学习，这就为教师提供了观察幼儿表现和发展水平的绝佳机会。

第三节
农村幼儿园班级学习环境的管理

班级学习环境管理是农村幼儿园班级管理的重要组成部分。农村幼儿园管理者应根据农村幼儿园的办园宗旨和目标进行班级学习环境的规划与管理，将倡导的教育理念渗透其中，并以是否有利于幼儿健康成长作为出发点。

一、农村幼儿园班级学习环境管理的原则

《幼儿园教育指导纲要（试行）》在第三部分"实施"中对环境做了专门论述，明确"环境是重要的教育资源，应通过环境的创设和利用，有效地促进幼儿的发展"，"幼儿园的空间、设施、活动材料和常规要求等应有利于引发、支持幼儿的游戏和各种探索活动，有利于引发、支持幼儿与周围环境之间积极的相互作用"。对农村幼儿园班级学习环境的管理应遵循以下原则。

（一）确保安全和卫生

农村幼儿园班级学习环境的首要标准是必须保障幼儿的安全，如建筑物坚固，没有危房或潜在的危险；设备装置达到安全标准；紧急情况下便于疏散；防火功能好等。环境创设必须符合卫生保健的要求，如园舍的采光、通风如何，有无儿童专用厕所，是否提供必要的流动水洗手，有无饮水设备等。

（二）为保育和教育服务

农村幼儿园班级学习环境的创设是为保育和教育服务的，必须有利于保教功能的发挥。《幼儿园教育指导纲要（试行）》在"总则"中明确提出，"幼儿园应为幼儿提供健康、丰富的生活和活动环境，满足他们多方面发展的需要，使他们在快乐的童年生活中获得有益于身心发展的经验"。农村幼儿园在园舍、设备等物质条件的创设上，要有利于幼儿的活动与发展，有利于保教目标的实现。

农村幼儿园设备、设施的提供必须从农村地区的实际出发，从适合幼儿的活动和发展需要出发，从有益于扩大受益幼儿的范围角度予以考虑。目前，有的农村幼儿园设立了图书室、舞蹈室、科学发现室等，但其作用发挥极其有限，耗费了大量资金。这种以大量资金投入却仅让少数幼儿受益的做法不应被提倡。

（三） 因地制宜， 经济适用

在很多情况下，并非有钱才能办好事情。农村幼儿园可以充分利用当地的乡土材料与废旧物品，创造性地变废为宝，为我所用。如有些农村幼儿园买不起大型运动器械，教职工就在当地群众的帮助下，自己动手并运用当地自然材料，如大树枝、废轮胎、荆条、鹅卵石、碎砖石等，设计制造出攀登架、平衡木、跷跷板、滑梯和迷宫等，为幼儿的大肌肉运动和体育锻炼创造条件。教师还可以发挥积极性和创造性，自制各种玩具，特别是能活动、多变化的玩具材料，以此支持幼儿充分开展游戏。

案例

户外自由活动刚开始，一阵阵锣鼓声就把幼儿吸引住了，原来是社区阿姨在街道上表演舞龙。看着阿姨们漂亮的服装、整齐的动作，听着铿锵有力的鼓点，大家待不住了，纷纷追着队伍看，回来后不停地说："嗬！舞龙真好玩！""老师，我也要舞龙！"说着说着，幼儿便空手舞起来，又是钻又是跳，兴趣可浓了。这时，丁丁说："我们能不能做一条龙？"幼儿积极响应，他们用可乐瓶、易拉罐、彩色布条、稻草秸、小竹棍、绳子等制作了可乐瓶龙、易拉罐龙、稻草龙、萝卜龙等，还兴致勃勃地舞弄起来。可没想到，这些龙很不结实，稍一用力就扯断了，不是缺了头就是丢掉了尾巴，有的都跑散了。怎么办？李老师把大家召集起来讨论："我们劲儿太小，拴得不结实。""麻绳根本不结实，用铁丝会更结实。""那怎么办?"李老师问。"我看阿姨们耍的龙是竹棍做的,咱们也试试用竹棍做吧。""竹棍太硬了,咱做不好啊。""要不咱们请爸爸妈妈帮忙吧?""对啊对啊,我爸爸就会做!""我爷爷也做过呢!""还要请舞龙队的阿姨教教我们,这样咱们也能耍得很好看了。""好!"在几位家长的帮助下,大家很快就扎好了一条结实的小竹龙。幼儿为小竹龙穿上了漂亮的衣服,还请来社区女子舞龙队的阿姨指导动作要领,没有几天就能耍弄了。现在,每到庆祝节日和欢迎客人时,他们都会用舞龙来表达自己的喜悦心情。

摘自:王化敏. 给幼儿教师的一把钥匙——幼儿教师教育实践策略指导〔**M**〕. 北京:教育科学出版社,2008:151 – 152.

分 析

幼儿周围的环境中蕴藏着丰富的教育资源。不同地区有不同的自然风光和风俗习惯,这些都在潜移默化地影响着幼儿。农村幼儿园应充分重视社区资源的利用,选择适宜的本土传统文化,拓展幼儿的生活和学习空间,为幼儿营造学习和继承传统文化的环境,引导幼儿感受独特的本土文化气息,促进幼儿的发展。首先,教师要了解、欣赏和尊重当地的文化和传统,把它们作为重要的教育资源,运用到班级学习环境的创设和管理中,开展相应的活动。案例中,教师抓住幼儿对舞龙的兴趣,不失时机地把这一内容引进到他们的学习活动中。其次,教师应引导家长了解当地的生活习惯、交往方式、民族文化活动对促进幼儿发展的重要性,引导幼儿积极参与到这些活动中。在成人的影响和感染下,幼儿会喜欢并愿意参加传统游戏和活动。案例中,教师引导幼儿主动寻求家长的支持,得到了家长的积极响应。

提 示

班级学习环境的创设与利用,在本质上反映了一所幼儿园、一个班级的教育理念和观念。农村幼儿园在创设班级学习环境时，除了考虑安全和卫生、为保育和教育服务、因地制宜和经济适用等原则外，还应该特别注意两个问题。第一，环境中的物质条件应满足幼儿的整体发展及独特性需要。提供足够的空间和时间满足幼儿自由进行多种活动的需要，提供丰富的玩具、材料满足幼儿认知、想象和创造的需要，保障环境的安全，让幼儿能够安心、有序地进行游戏。第二，环境中的文化因素应适合幼儿的天性及社会化的需要。在公共空间和集体中让幼儿养成遵守规则的习惯，让幼儿在与教师的交往中感受到平等和尊重，在游戏中让幼儿彰显其好奇、探究、真情、淳朴的天性。

------------------------------ 延·伸·阅·读 ------------------------------

学习环境创设和管理需考虑的五个维度

国外研究者提出学习环境创设和管理需考虑的五个维度。

第一个维度：冷硬—柔和。是指环境引起的人生理、心理的感应性，如色彩、灯光、家具排列。

第二个维度：开放—封闭。是指环境对人的行为所做的限制程度，如乐高玩具和自制玩具。

第三个维度：单纯—复杂。是指环境吸引人的程度，如铲子单独使用和与沙漏、水桶配合使用。

第四个维度：干预—忽略。是指人与人、人与物的互动量，如图书区、建构区应考虑图书、建构材料投放的种类、数量，限制进入该活动区的人数，以保证活动质量。

第五个维度：高活动量—低活动量。是指大肌肉活动量的高低。

摘自：深圳市投资控股有限公司幼教管理中心. 幼儿学习环境的创设 [M]. 北京：北京师范大学出版社，2014：45.

二、农村幼儿园班级学习环境规划的要求

农村幼儿园班级学习环境主要由多个活动区构成。班级学习环境规划主要表现为班级内活动区的规划与布局。在进行活动区的规划与布局时，没有适用于所有农村幼儿园班级的唯一解决方案。教师可依据本班幼儿的实际情况（如数量、年龄段等）、活动室的空间条件（如面积大小、形状格局等）、区域活动时间的长短以及家具设施的条件等综合考虑，但都应以能促进幼儿在活动区中的自由游戏和自主学习为主要目标。具体来说，农村幼儿园班级学习环境的规划应遵循以下要求。

（一）区分使用室外、室内及连接室内外的过渡性场所

大肌肉运动需要开阔、无障碍的场地，适合将运动区安排在户外。种植、养殖、玩沙、玩水等活动可以安排在户外或者连接室内外的过渡性场所中开展。相对而言，室内环境更具有保护性，更加安全可控，适宜开展安静活动及多种游戏活动，如阅读、美劳、桌面游戏、搭积木、装扮和表演等。

活动室外边的走廊和阳台等属于连接室内外的过渡性场所，兼有室内、室外两种环境的不同特点，如果使用面积足够，教师可以很好地利用，如要求有阳光的种植区、和幼儿日常生活区域有明确间隔的养殖区、需要方便清洁整理的沙水区、可能对其他活动产生较大声音干扰的音乐表演区等。需要注意的是，在户外或者走廊、阳台设置活动区时，教师要充分考虑到自己在活动中对幼儿实施的安全监护。

（二）兼顾集体、小组和个别活动的需要

班级学习环境应该兼顾集体、小组和个别活动的需要。在做班级学习环境规划时，教师需要列出活动室中将会发生的每一项活动。不论范围的

大小、时间的长短，从晨间接待幼儿入园到下午送幼儿离园，幼儿在园一日生活的每个活动环节都需要列入到规划范围中。

集体活动需要一个能够容纳班级所有人集中的大而空的区域，这需要提前规划好，以便班上的所有幼儿在集体活动中能够同时舒适地坐下。有一种做法是在选定区域的地板上贴出圆形或椭圆形的线条，甚至请幼儿在线条上贴上属于自己的标识或符号。在集体活动时，幼儿依据线条或其中的标识找到自己的位置，这样一方面减少幼儿因找不到合适位置而带来的忙乱和挫折感，另一方面使教师从维持纪律中解放出来，把更多的精力放在组织活动上。

小组活动对环境的要求是便于小组同伴之间进行交流与合作。首先，要创设与活动人数相匹配的空间环境。心理学研究表明，空间密度过大会降低幼儿的协作行为、增加侵略行为。其次，半开放、半封闭式的区域设计有利于幼儿自发性小组活动的产生与开展，有利于小组成员归属感和责任感的形成，便于小组活动不被外界打扰。半开放的状态方便教师进行必要的指导，有利于小组与外界之间进行必要的交流。再次，提供方便幼儿共同活动的设施也很重要。如可供4—6人或6—8人共同操作的桌面或地垫等，方便小组成员之间进行多种形式的交流与合作。

个别活动意味着幼儿需要自己的私人空间。事实上，这一点非常重要，却常被忽略。有关情感发展的研究告诉我们，应该允许幼儿在集体活动和个人活动之间自由转换。因此，活动室里应创设一些相对隐蔽、适合个别活动的区域。

（三） 动静分离

活动区为幼儿提供了自主、自由活动的机会。但在多个区域同时开展活动的过程中，幼儿常表现出相互矛盾和干扰的状况，如安静和喧闹、整洁和脏乱、条理严谨和灵活随意、扩张和限制等。为保证在同一时间开展的各区活动都能顺利进行，避免相互干扰，教师应该将相互矛盾和干扰的活动分开。实践证明，将区域活动按照动态与静态进行分类规划、分离设置，是非常有效的。

动态活动区包括积木区、角色区、音乐表演区、沙水区、木工区等。静态活动区包括语言区、感官区、科学区、数学区、美工区等。

（四）因地制宜

不同活动区的设置，应按因地制宜的原则，综合考虑多种因素，在现有的建筑环境中做出灵活安排。

1. 自然光和水源

自然光和水源是需要特别考虑的因素。如图书区应设置在光线明亮而又安静的窗边，光线充足有利于幼儿在阅读时保护视力，给人以温馨舒适的感觉，有利于营造良好的阅读氛围，吸引幼儿的参与。窗边不易受室内其他区域活动的干扰，有利于幼儿持久阅读。再如美工区应设置在靠近水源的地方。美工活动中常要用到水，如在调颜料、清洗画笔画具、洗手时等，所以要设置在靠近水源的地方，使幼儿不必"长途跋涉"地取水、用水，从而为幼儿的活动带来便利。

2. 电源的利用

需要使用电器的区域，如使用音响的表演区、设有鱼缸的自然角、使用电器的烹饪区等，应该设在靠近墙边电源接口的位置，避免使用过长的电源线带来的各种安全隐患。如果发生这样的情况，有必要重新布线。

3. 让建筑环境成为活动区发挥作用的显著部分

每座建筑、每间活动室都有自己独特的地方。对于教师而言，创设班级学习环境并不是要从无到有地去设计一座建筑或者建造一间活动室，而要在已有建筑环境基础上进行规划和布置。因此，充分利用已有的建筑环境和条件并巧加利用，不仅能满足活动区多样化的教育功能，还能调动幼儿的学习兴趣，使其愿意参与到区域活动中。

（五） 交通顺畅

当活动室被分隔成大小不同的多个活动区时，通道不应是自然形成的，而需要教师设计和考虑。宽阔笔直、不间断的通道便于幼儿的快速奔跑，曲折、有障碍的通道能提醒幼儿小心谨慎地通过。活动区之间通道的理想状态是在二者之间保持适度平衡。

线路的规划也是影响交通的重要因素。过多的绕道而行、长时间的多次往返，容易引发很多负面因素，如碰撞桌椅、相互冲撞、推挤、注意力分散、干扰到正在进行的活动等。以下策略可以帮助教师在活动室里规划便捷而顺畅的交通路线。

1. 区域之间应该有便捷的路线，避免幼儿绕行。

2. 关系密切的区域应紧挨在一起，避免幼儿在活动中长时间、多次数地往返。

3. 容纳活动人数较多的两个区域，出入口应避免近距离的面对面设置，以免通道拥挤。

4. 特别安静的区域（如阅读区）或者特别活跃的区域（如积木区），应避免设置在通往盥洗室的过道边。

5. 粘贴一些交通提示标识，如贴在地面上的箭头。

（六） 营造安全温馨的氛围

为幼儿营造安全温馨的学习环境，教师可以从以下几方面入手。

1. 在安静的活动区创设明亮、温暖、柔软的氛围。如选用柔和而明亮的色彩，运用布艺、纱帘、地毯、小沙发、靠垫等软性材料来布置。

2. 在比较活跃的动态区创设清凉、硬朗、对比较强烈的氛围。如选用活泼、明快的色彩，运用粗线条等装饰。

3. 在比较隐私的活动区创设安全、温暖的氛围。如选用温馨的暖色和比较暗的灯光，采用具有一定视觉遮挡效果的帷幔、帘子，运用让人感觉舒适、放松的软垫、抱枕，收集家庭常用的相框、电话、花、娃娃和玩偶。

4. 在艺术创作区创设不同质感、形状、色彩、视角的浓郁而丰富的氛围。如选用丰富而主题鲜明的色彩，进行堆砌和有层次感的布置，呈现对比或者序列等效果；改变空间的物理参数，如在空中悬挂改变天花板高度的饰品，布置立柱式设施，运用一些灯光等。

5. 将绿色带进活动室，创造自然和生机的感觉。如养一些适合在室内生长的小盆栽、小鱼和小乌龟等，展示各种形状的干树枝、不同种类的干果、各种纹理的石块等。

特别要强调的是，教师精心创设的有准备环境固然为促进幼儿的学习与发展提供了最重要的支持，但好的学习环境不应是教师包办代替的结果，而要让幼儿真正成为学习环境的主人，让幼儿有机会亲身参与到学习环境的规划中。因此，在对班级学习环境进行规划与布局时，教师要适度"留白"，为幼儿想象力、创造力和主动性的发挥提供更多的机会。

案例

我们是小学附设的幼儿园，活动室原来的座位是小学式排列，幼儿面对教师排排坐，活动材料全部放在靠墙的柜子里。自由活动时，幼儿在屋里特别拥挤和吵闹，经常发生意外。活动后，屋子里一片狼藉，活动材料到处都是。教师也不敢闲着，总是瞪大眼睛盯着幼儿，生怕他们被桌椅绊倒。后来，教师尝试用柜子将教室隔成美术、音乐、语言、数学、玩具等几个不同的活动区，投放相应的材料，活动室空间一下子变大了，幼儿活动时也没那么拥挤，意外事故明显减少，教师也能安心观察幼儿。可是，屋里仍然很闹，有的区域内的幼儿特别多。我们又重新调整了活动区，把动的区域和静的区域相对分开：音乐区和玩具区挨着，美术区、图书区、数学区挨着，自然角和体育区则延伸到活动室的走廊。我们在每个区都贴上相应的标志，还和幼儿一起商量、制定了活动区规则，如图书区的规则是安静看书、不乱扔垃圾、爱护图书、不大声说话、看完后应归回原位。活动区调整后，许多问题都解决了。幼儿高兴地说："老师，活动区真好玩，有很多玩具，我想去哪儿玩，就去哪儿玩……"

摘自：王化敏. 给幼儿教师的一把钥匙——幼儿教师教育实践策略指导 ［M］. 北京：教育科学出版社，2008：140－141.

分析

　　农村幼儿园班级学习环境的规划主要是对班级活动区的规划，包括对活动区的种类、数量、位置、投放的材料等进行设计和安排。为此，教师应特别注意做到以下几点。首先，要根据幼儿的兴趣和发展需要，确定活动区的种类。创设活动区的目的是为了给幼儿提供一个自由宽松的学习环境，使他们能更好地获得身心全面发展。因此，在决定活动区种类时，教师应尽量满足幼儿认知、情感、社会性、语言、动作技能等多方面发展的需要。案例中，教师将原来排排坐的座位调整为不同的活动区，既满足了班上幼儿玩各种游戏的需要，也解决了因为拥挤可能带来的安全问题。其次，要根据各活动区特点和活动室空间灵活设置活动区的位置。把活动区按动静分开，考虑不同活动区对光线的需求和活动区之间交通通道的顺畅。案例中，教师在活动区开展活动后，发现现场仍然很闹，于是重新调整，将动静活动区分开，贴上活动区标志，和幼儿一起制定活动区规则，达到了"许多问题都解决了"的良好效果。

提示

　　幼儿的学习是幼儿通过自己的特有方式与周围环境互动的过程，是幼儿主动地探索周围的社会环境、自然环境和物质世界的过程。在对班级学习环境进行管理前，教师应对它进行合理规划。对于教师来说，重要的是考虑所创设的班级学习环境能否为幼儿在各领域的学习与发展提供丰富、有益的情境和学习机会。确定的依据有三个。第一，根据幼儿的兴趣和发展需要决定活动区的种类。这要求教师准确了解本班幼儿的兴趣、水平和需要，同时对各类活动区的功能有清楚的认识。第二，根据幼儿人数与活动室面积决定活动区的数量和规模。一般来说，每个活动区最佳容纳量为4—6人。若班额在30人左右，需设置6—7个活动区。教师也不要过多受形式和数量的约束，还要结合教育内容和幼儿需求，有的放矢地创设活动区。这就要求教师为年龄大的幼儿创设数量、规模相对更多、更大的活动区，同时充分利用室内外的一切适宜场所（地）。第三，根据教育活动的需要增减活动区，发动家长和幼儿共同收集活动区材料。生活中很多自然材料，如石头、筷子、纽扣、树叶以及废旧物品，经过加工后可作为活动区的操作材料。收集前，教师要让幼儿和家长明白收集的目的，收集后组织幼儿讨论这些材料可以放在哪个区、怎样放，这样既能增强幼儿对活动区的兴趣，又能培养他们爱护资源的意识。

----------------------------- 延 伸 阅 读 -----------------------------

加强对班级学习环境的有效利用

在规划和创设好班级学习环境后，教师应加强对班级学习环境的利用，有效开展活动区活动，最大限度地发挥环境和材料对幼儿发展的促进作用，提倡"一物多玩"。在使用环境的过程中，教师应根据学习活动的进度对环境及材料进行适宜的调整。具体来说，教师要在了解每个活动区教育功能的基础上，考虑如何进行相应的环境创设，如何通过适宜的教师指导来发挥环境对幼儿学习的积极促进作用。其中，对每个活动区的教育功能进行准确分析是关键。如积木区的教育功能主要体现在以下方面。从动作发展来看，积木区活动有助于提高幼儿手指手腕的灵活度、手眼协调、双手协调、平衡感、空间感等。从语言发展来看，积木区活动有助于幼儿掌握专有名词、提升符号表征能力、学会沟通与倾听等。从社会性发展来看，积木区活动有助于幼儿接受与尊重团队常规、乐于分享、学会分工合作、尊重他人、发展利他行为。

思 考

1. 农村幼儿园班级管理的目标是什么？
2. 农村幼儿园班级管理的基本策略有哪些？
3. 农村幼儿园班级学习环境规划的要求是什么？

第四章
农村幼儿园师资队伍管理

农村幼儿园管理要以人为核心。农村幼儿园各项工作的质量、管理目标的实现都有赖于全体教职工的素质及努力程度。特别是在保教工作第一线的教师，他们是农村幼儿园工作的主体，是促进幼儿全面发展的教育实施者，对于农村幼儿园保教质量的提高起着关键作用。

当前，随着农村学前教育事业的大发展，农村幼儿园师资队伍的规模也在不断壮大。大量新入职教师和小学转岗教师的加入，有效缓解了农村幼儿园师资短缺的问题。他们与长期存在的非在编教师共同构成了当前农村幼儿园师资队伍的主体。本章在介绍农村幼儿园师资队伍管理基本思路和原则的基础上，主要讨论如何对这三类师资进行有效管理。

第一节
农村幼儿园师资队伍管理的基本思路与原则

一、农村幼儿园师资队伍管理的基本思路

农村幼儿园的师资队伍管理，应遵循以下基本思路。

（一） 树立 "人是管理对象与主体" 的统一观点

人是管理的主体，又是管理的对象。教职工是农村幼儿园各项工作的主体。农村幼儿园管理者与教职工互为管理的主客体，在管理过程中起着相互制约和影响的作用。因此，农村幼儿园管理者在管理中一定要有清醒的认识，端正管理者与教职工之间作为教育合作者的关系，依据现代管理"以人为本"的思想，注重发挥教职工的主体作用，激发教职工的积极性，创造条件和机会让他们参与管理，关心组织的发展。

管理者要将农村幼儿园的发展前途与教职工利益紧密联系在一起，在制定重大决策前采取各种方式组织教职工提出各种建议，如开展"假如我是园长"活动，动员教职工为搞好农村幼儿园工作献计献策，化被动为主动，化消极为积极，相信和依靠教职工，实施民主管理。当然，这并不意味着管理者被教职工牵着鼻子走，而是在坚持"统一领导、协调行动"的同时，发挥教职工的积极性和创造性。

（二） 组织发展与教职工个人发展的一致性

在以往的管理理论中，存在重视一方面而忽视另一方面的倾向：或者是倾向组织目标，或者是倾向个人目标，或者是把组织目标和个人目标对立，其结果往往是无法调动组织成员为组织目标努力工作的积极性。目前在一些农村幼儿园的管理实践中，仍然存在这样的现象，因而导致工作效率不高，组织目标不能很好地实现。

随着管理思想的发展，当代管理越来越强调二者的一致性。对于农村幼儿园来说，要实现有效管理，管理者应该站在各项工作的前列，一方面，通过领导使教职工协同一致地工作，实现组织的目标；另一方面，设法满足教职工的合理需要，帮助他们实现个人的目标。事实上，组织的目标与教职工的个人目标是辩证统一的，而不是对立的。管理者要将做好工

作与满足教职工的需要结合起来，做到既关心工作又关心人，而不是顾此
失彼。在完成组织目标的同时，农村幼儿园应最大限度发挥每位教职工的
能力，这样才能实现管理的目标和效益。

从整体上来说，农村幼儿园管理承担着两大任务：一是实现农村幼儿
园的工作目标，即促进幼儿全面发展，为家长服好务；二是促进组织成员
的发展，帮助教职工在本单位取得较高成就，尽可能发展其职业能力。这
两大任务从根本上说是方向一致、相辅相成的。

案例

学期初，某幼儿园接受了上级教育部门交给的接待外省市幼教专家来
园观摩半日活动的任务。按惯例，园长会指派两名具有高级职称的教师提
前做准备，其他教师则采取事不关己的态度，但有的人还埋怨："园长眼
里没有咱！"这一次，园长意识到，仅靠个别教师撑门面是不行的，幼儿
园各项工作的高质量开展离不开全体教师的积极参与。于是，他改变做
法，在全园开展了"抢任务"活动，讲明"抢"到并完成任务者予以
奖励。

教师积极性很高，三分之二以上的教师都在本教研组内自荐了半日教
育活动计划。各教研组评选推荐到园里后，园里最终推选出两位青年教师
承担了任务。接待日当天，两位青年教师组织的活动内容丰富、过程生
动，调动了不同水平幼儿参与活动的积极性，取得了很好的效果。专家和
上级领导称赞他们的综合素质好。两名教师热情高涨，表示会继续努力。

一周过去了，一些教师的心情仍不能平静："下一次，看我的！"

摘自：刘苏. 现代幼儿园管理：理论与实践 [M].
天津：天津社会科学院出版社，2003：124 - 125.

分析

现代人本管理理论强调，管理应以调动人的积极性、做好人的工作为

根本。案例中，园长改变以往摊派任务的做法，通过"抢任务"的方式有效地激发了全园教师积极向上的内部动机，满足了教师自我实现和成功的精神需要。具体表现在以下方面。

首先，"抢任务"活动给每名教师提供了展示和证明自己保教能力的机会，从根本上调动了教师工作的积极性。从"园长眼里没有咱"的事不关己和埋怨不满，到热情高涨、跃跃欲试，教师的积极性被充分调动起来。从活动的效果来看，高涨的积极性带来了高质量的教育活动，教师也从中获益匪浅。

其次，"抢任务"活动为教师创造公平竞争的机会。"抢"凭的是实力，而不只是看职称、资历，这就给所有教师——尤其是年轻教师——提供了崭露头角的机会。即便不能胜出，他们也能从其他教师身上学到宝贵的经验。这种以尊重和信任为基础的公平竞争，有效地调动了教师的积极性，促使他们主动去提高自身保教水平。

再次，要展示一次高质量的教育活动，单靠执教教师一人的努力是不够的，必然离不开同班教师和保育员的配合，也离不开教研组其他教师的合理建议。这种共同体的存在，有助于提高教师的团队意识和合作能力。

提示

农村幼儿园师资队伍管理工作，要树立"人是管理对象与主体"的思想，最大限度地调动本园教职工的积极性。园长要充分挖掘每名教职工在体力、智力方面的潜力，采取针对性的措施，激发他们的工作积极性，满足他们的职业发展需要，使之出色地完成本职工作。在影响农村幼儿园教职工积极性的各种因素中，源于自身物质需要和精神需要的个体动机起着非常重要的作用。其中，精神需要又是起主导作用的、长效的动机，是农村幼儿园教职工工作积极性的源泉，具体来说，包括以下方面：获取领导信任和赏识；获得同事尊重和理解；展示自己的才华能力；参与民主管理和竞争；体验成功；不断进修学习。

------------------------------ 延 伸 阅 读 ------------------------------

管理方格理论

管理方格理论是由美国学者布莱克和莫顿在 1964 年提出的。该理论从领导者关心工作和关心人两个维度来评价管理者的风格，归纳了典型的五种管理类型。

第一种是俱乐部型管理。该类型管理者的特点是：对员工关怀备至，创设舒适、友好的工作氛围。

第二种是贫乏型管理。该类型管理者的特点是：对必须从事的工作付出最少的努力，维持恰当的组织成员关系。

第三种是团队型管理。该类型管理者的特点是：工作的完成来自员工的贡献，组织成员之间相互依赖，形成信任和管理的关系。

第四种是任务型管理。该类型管理者的特点是：工作高效率运作，人的影响降低到最低程度。

第五种是中庸之道型管理。该类型管理者的特点是：保持必须完成的工作和令人满意的士气之间的平衡，使组织绩效有实现的可能。

摘自：张燕. 幼儿园管理［M］. 北京：人民教育出版社，2008：210.

二、农村幼儿园师资队伍管理的基本原则

农村幼儿园师资队伍的管理应遵循"科学用人、用养结合"的基本原则。

（一）科学用人

人员的选用关系到能否提高管理效率，能否在农村幼儿园内部形成良

好风气与和谐的人际关系，从而使全园教职工同心协力，实现共同的奋斗目标。选用人员的根本要求是知人善任，任人唯贤，人尽其才。农村幼儿园管理者在选用人员时要遵循现代用人观，依据反映科学规律的用人原则。

1. 因事用人，能职相当

所谓因事用人，是指农村幼儿园管理要以工作为重，使人员安排服从工作的需要。管理者在用人之前，首先要做工作分析，根据农村幼儿园的规模和性质，考虑全园的工作任务和实际需要设立岗位及人员编制，在此基础上对各个岗位的工作内容要求和任职者应具备的基本条件加以分析，同时结合对本园教职工实际情况的掌握，选聘、任用适宜的人承担相应的工作。切忌因人设事，让工作迁就个人的需要。

所谓能职相当，是指管理者要根据教职工的职业道德、专业知识、专业能力等为他们安排适宜的岗位和职务，使其能力与职务相匹配。也就是说，对各个层级、各个岗位的教职工的要求应有所不同。所处的层级越高、岗位任务越重，对教职工能力的要求相应也应越高。

2. 用人之长，知人善任

用人贵在用其长，避其短。人无完人，管理如能从长处着眼，则无不可用之人。这就需要农村幼儿园管理者做到知人善任。知人要求管理者在用人上一定要客观全面，既要知人之所长，又要知人之所短。善任就是要求管理者做到"一有"和"四不"。"一有"是指：管理者要有爱护人才之心，不嫉贤妒能，不存私心。"四不"是指：一不任人唯亲，二不任人唯资，三不任人唯顺，四不任人唯全。

在农村幼儿园管理过程中，管理者要将每位教职工的优点、特长和才能汇聚融合，最大限度地调动师资队伍的积极性，高质量地完成各项工作，有效实现农村幼儿园管理的目标。

3. 用人唯贤，严格要求

对确有能力才干的人，农村幼儿园管理者应不论其资历如何，均予以大胆任用，使之在相应的岗位上充分发挥作用，最大限度地施展其才能，同时还要注意对所用人才既要信任又要严格要求，不姑息迁就其错误缺点，坚持德才标准，使之明了领导的期望，努力工作，不断取得成绩，在工作中不断提高自己的素质。

4. 用人唯精，重视绩效

选用人才力求少而精。农村幼儿园管理者要选用精明强干、既懂业务又有干劲的人，避免人浮于事，相互扯皮。注重以工作绩效，即工作是否取得成绩为标准评价考核教职工。凡是在促进幼儿身心健康发展方面确有成效，在服务家长、改善办园条件上有贡献，或是在提高农村幼儿园精神面貌、改进农村幼儿园形象上有促进的，都应得到肯定。

重视绩效原则的运用有利于在教职工中建立起公平感，激励全园教职工努力进取，使全园形成振奋的精神状态，树立良好园风，进而提高各项工作的质量，促进整个师资队伍素质的提高。

5. 优势互补，合理结构

组织的效率如何，不仅在于个体的素质，还在于组织成员组合的科学性。农村幼儿园管理者应通过合理用人，为教职工提供锻炼和施展才干的机会，激发他们成功的愿望。农村幼儿园管理者要根据全园教职工的不同情况，搭配、组建班组，既发挥各人所长，又能在彼此之间优势互补，从而产生较好的工作效益。如以老带新，将有工作经验的教职工和无经验的教职工搭配组合，发挥老同志的传帮带作用。再如根据教职工身体强弱、能力及个性特点等因素合理搭配，发挥互补作用，使工作有效开展，减少矛盾冲突。

（二） 用养结合

农村幼儿园管理者要能够了解每名教职工的思想状况、文化业务水平、工作态度与能力以及个人的爱好特长、健康状况和家庭情况等，在全面掌握情况的基础上，妥善安排每个人的工作，做到用其长、避其短，同时根据农村幼儿园工作与事业发展的需求，考虑定向使用、定向培养，将使用与培养结合。

管理者还要为教职工提供充分表现的机会，委以责任，在人员使用中强化激励机制。农村幼儿园的教职工，特别是教师的文化素养和工作特点，决定了他们对成就、自尊和知识的需求特别强烈。教师的个性特长及才能需要得到表现、发挥并得到他人的认可。管理者要为其提供表现的机会，满足其自我实现的需要。

另外，管理者还要重视园本培训，特别是要提供促进教师专业发展的机会和支持性环境，使每名教职工都能立足实践并得到最大程度的专业化发展。

案例

小班的王老师性格外向，很多教师认为她大大咧咧、组织纪律性差、干什么都不行。久而久之，王老师工作的积极性受到影响，工作热情越来越低，对教学工作敷衍了事，对幼儿也漫不经心。教师们对此很不满，向园长反映了情况。

园长没有马上给王老师处分，而是在日常工作中与她加强了联系。经过一段时间的观察，园长发现王老师有一个很大的优点——爱学习。凡幼儿园有外出学习的机会，她都积极要求参加，也不在乎是否占用自己的假期。而且，她每次都能将学到的东西和园长讨论，提出自己的见解。看来，王老师并不像表面看上去那样大大咧咧，在一些教育问题上还是很有自己的想法的。经过一番思考，园长决定让她负责园里的角色游戏研究工作，王老师也愉快地接受了这一工作。在一段时间后，角色游戏研究工作开展得有声有色，成为园内外教师经常观摩的重要内容。从此，王老师一直保持着很好的精神面貌，工作也得到大家的一致好评。

摘自：文红欣. 幼儿园组织与管理［M］.

北京：教育科学出版社，2012：93.

分 析

用人贵在用其长，避其短。园长要做到知人善任，必须处理好知人和善任的关系。首先，知人是前提。园长应在日常工作中客观了解每名教职工的优缺点，用其所长，补其所短。案例中，王老师虽然有缺点，但是园长没有因为其他教师的投诉而马上处分王老师，而是在工作中观察她，与她沟通，发现了王老师大大咧咧背后的另一面，为后面的善任打下了良好基础。其次，只有善任，才能使教师有潜力发挥的空间。案例中，园长和王老师交流，深入了解她的优点，安排她做擅长的工作，充分发挥了王老师的优势，也带动了全园角色游戏研究工作的深入开展。

可见，对有错误、有缺点的员工，不要总抓住缺点不放，要善于发现人之所长，敢于用人，使每个人都有机会发挥自己的才干和特长。只有这样，才能激发教职工的内在动力，调动他们的积极性、主动性，从而提高农村幼儿园管理的效率。

提 示

在用人方面，农村幼儿园管理者要特别重视用人的互补度。每个人的能力、知识、水平是不同的，用人的互补度就是利用个人的优势，去弥补个人或组织以及他人的不足。弥补作用越大，用人的互补度就越高。如在编班中，实行优化组合、自愿结合与统一调整相结合。年龄互补的组合，可以让老教师带青年教师，能弥补青年教师的经验不足，又能以青年教师的工作热情和冲劲影响老教师。性格互补的组合，能避免因个人性格问题而引发的某些矛盾，同时有利于培养本班幼儿的情感。优势互补的组合，能避免各班幼儿发展的不均衡和教学的不均衡，充分调动教师的工作积极性，产生"1+1＞2"的效果，有效实现农村幼儿园管理的目标。

------------------------------ 延·伸·阅·读 ------------------------------

合理用人是幼儿园师资队伍管理的基本任务

幼儿园管理者在用人方面除了要知人善任、用人唯贤外，还应该做到以下方面。

1. 提高用人的认可度。幼儿园用人的高效是以管理者和被管理者双方的相互认可为基础的。管理者应该随时关心、了解员工对管理者的评价和认可情况。教职工反馈的有关信息，可以帮助管理者逐步提高工作水平，不断提升教职工对管理工作的认可度。

2. 提高用人的透明度。提高用人的透明度，有利于调动广大教职工的工作积极性，加强管理工作的监督作用。管理者在用人上要反映大多数教职工的意志，这是一种公开、公平与公正的用人策略，具体表现在竞聘的公开性、任用的公平性、监督的公正性，还表现在教职工对任用者的职责范围进行监督与评价。

第二节
农村幼儿园新入职教师的管理

一、农村幼儿园新入职教师的特点与需求

新入职教师一般是指在农村幼儿园工作一到两年的教师。作为农村幼儿园师资队伍的新生力量,新入职教师具有工作热情高、学习能力强的鲜明特点。但同时,他们在入职(职业)适应和保教实践能力的提升方面也遇到不少困难,需要管理者提供及时的帮助和指导。

(一) 工作热情高, 学习能力强

新入职教师是农村幼儿园师资队伍中最年轻的一个群体,是师资队伍不可缺少的生力军。刚走出校门的他们,有着强烈的把所学运用于实践的愿望,非常渴望成为合格、优秀的农村幼儿园教师。他们对新工作充满热情,积极与幼儿、家长和同事建立联系,积极在保教工作中尝试自己的新想法,经常在农村幼儿园各项工作中主动请缨,愿意有更多的机会去展示和锻炼自己,希望得到园长、同事和家长的认可。

同时,他们在自身专业成长方面有着强烈的自主发展动机。当在工作中遇到问题时,他们会主动查找相关资料或者向年长、资深教师请教。由于学历水平相对较高,他们对新观念、新理论的接受能力更强,也更容易转变观念,更愿意在实践中去探索和尝试。如果能得到积极的鼓励和有效的支持,新入职教师会更顺利地走上专业发展道路,逐渐成为农村幼儿园工作的骨干。

（二） 入职 （职业） 适应能力有待提高

对于新入职教师来说，刚进入农村幼儿园工作，首先面临的是要实现从学生角色向教师角色的有效转换，逐步认同自己的农村幼儿园教师角色。

在参加工作的前两年，新入职教师大多会经历"激动—迷茫—困惑—释然"的适应过程。从学生到教师，角色的转换、环境的变化、复杂的人际关系、期望与现实的差距，使新入职教师在心理、生理上都需要经历一定的适应期。同时，他们在工作中碰到一些不如意的事情时，也往往会产生期望和现实之间的矛盾，在心理上产生失落感，在工作中表现出盲目和消极的状态。新入职教师在工作中遇到的挫折越多，就越容易对自己是否能胜任农村幼儿园教师工作产生怀疑，这会进一步增加他们的工作压力，使他们的工作表现和专业水平更不易得到提高。

在新入职教师的适应过程中，过高的自我定位、与同事关系不够融洽、幼儿园的殷切期望、家长的不信任态度、紧凑的工作节奏和繁杂的工作内容等，都可能造成新入职教师的心理落差和压力。正是在角色转换和适应方面遇到的这些问题，使得绝大多数新入职教师普遍表现出入职（职业）适应不良，甚至是入职（职业）适应困难。

新入职教师的入职（职业）适应不良或困难如果得不到有效解决，就会影响他们的工作效率和班级保教质量，也会影响他们对农村幼儿园教师工作的认同。在工作压力不能得到有效缓解的情况下，新入职教师甚至可能会辞职。对于农村幼儿园来说，这无疑是人才的流失，对整个农村幼儿园师资队伍的稳定也会有消极影响。

（三） 保教专业能力有待提高

新入职教师刚从大专院校毕业，正经历着由学生向教师的角色转化过

程。虽然他们非常渴望成为合格、优秀的教育工作者，但他们的实践知识
和能力都有待提高。

新入职教师往往缺乏把理论知识有效地运用于保教实践中的能力，包
括一日生活安排与组织的能力、班级管理的能力、了解幼儿实际发展水平
和特点的能力、制订课程和教学计划的能力、在教育活动中随机调整课程
的能力等。在技能方面，部分新入职教师遭遇的压力更大。由于不少人是
进入大专院校才开始接触这些技能课程，三到五年学习和练习的效果并不
理想，所以导致很多新入职教师在这些技能的教学上缺乏自信，成长的空
间也比较小。

案例

刚进幼儿园工作的时候，我对这份工作还算有兴趣，凭着已有的绘画
和书法的技能，在布置环境方面上手很快。两个特长让我越来越游刃有
余。可是，弹琴和跳舞却难住我了，但这还不是最令人担心的，最让我担
心的是幼儿的安全。几个月下来，我发现，自己不仅要对自己有责任心，
更要对幼儿有责任心，否则幼儿的安全就无法得到保证，后果也不堪设
想。园里为了让我尽快熟悉工作，为我指定了一名师傅。我开心极了，终
于有人指点我，我可以好好学东西了。师傅经验很丰富，我从她那里学会
了好些书上没有的知识。但有些时候，我又看不太懂，也不知该怎么问。
看来，我要"补"的东西太多了。

摘自：蔡海拉. 在现场中成长：非学前教育专业幼儿教师
入职适应个案研究 [D]. 华东师范大学，2009：25－27.

分析

新入职教师在专业发展上的最大特点是专业热忱，即工作热情高，这
是农村幼儿园教师必备的专业情感。对于处在入职适应期的教师来说，激

起他们的专业热忱，不仅有利于帮助他们缓解在入职适应中遇到的各种压力和困境，而且能保证他们留在教师岗位上，愿意以教师为终身职业。

案例中，教师从最初的还算有兴趣到后来想要好好学东西，反映了这名新入职教师的专业热忱正在逐步形成，这将成为他今后在职业生涯中不断成长的重要动力。当然，处在入职（职业）适应期的新入职教师面临的更多问题是专业发展上的挑战：幼儿的安全、技能技巧的学习、带班经验的积累、看不太懂又不知该怎么问的"实践"……面对挑战，新入职教师会有挫败感，但也有积极性。不管怎样，对于新入职教师来说，这都是一个好的开始。

提 示

新入职教师的需求主要包括生存（物质）需求和发展需求两个方面。 生存（物质）需求是教师个人价值的外在体现，包括工资、待遇、福利和工作环境。 发展需求是教师的自我实现需求，属于高级需求，包括自我发展与成就的需要、尊重和归属的需要、交往需要。 高级需求能不能得到有效满足，深刻影响新入职教师以后的适应程度。 其中，自我发展与成就的需要是指新入职教师在以后为实现个人理想、抱负而充分发挥个人能力，努力完成和自己能力相匹配的一切事情的需要。 尊重和归属的需要是指新入职教师希望自己有稳定的社会地位，希望成为集体中的一员，渴望自己的能力和成就得到社会和周围人的认可。 交往需要是指新入职教师在初入职阶段需要与领导、同事、幼儿及家长之间建立融洽关系，希望得到他们的认可。 农村幼儿园对新入职教师的管理，应该在全面关注他们的生存（物质）需求和发展需求的基础上，特别关注作为教师高级需要的发展需求的满足。

-------------------------------- 延·伸·阅·读 --------------------------------

新入职教师的入职期

目前被广泛接受的关于教师职业生涯发展的理论是由休伯曼等人提出的教师职业生活周期论。根据这一理论，教师生涯可以分为五个阶段：入职期（1—3年）、稳定期（4—6年）、实验和重估期（7—25年）、平静和保守期（26—33年）、退休期（34年以上）。

其中，新入职教师所处的阶段是入职期，教师常表现出来的特点是：求生与现实的冲击相联系，工作具有复杂性和不稳定性，连续的失误使自己对能否胜任教师工作感到怀疑。同时，教师也发现，他们有了自己的班级、学生和教学计划，成为专业协会中的一员，表现出积极、热情的一面。

二、农村幼儿园新入职教师的培训与管理

新入职教师作为农村幼儿园教师群体的重要组成部分，其成长直接影响到农村幼儿园师资队伍的整体素质和稳定性。从教前三年，尤其第一年，是他们入职（职业）适应和专业成长的关键期，直接影响到他们将来的专业发展程度、水平和方向。让新入职教师自然成熟，不但会延长他们的适应期，而且在此阶段形成的教育信念和教学方式对他们日后的专业发展也会造成很大影响。如果在入职后进行及时、有效的培训与管理，管理者就能帮助新入职教师顺利度过这一时期，缓解他们的入职焦虑，提高他们的入职（职业）适应能力，帮助他们树立胜任农村幼儿园保教工作的信心，不断丰富他们的专业理论知识，有效提升他们的保教能力。

（一）完善对新入职教师入职（职业）适应的管理和指导

农村幼儿园师资队伍管理要关注新入职教师的入职（职业）适应问

题，在职业生涯规划和心理调适技巧方面为新入职教师提供及时、有效的指导。

1. 为新入职教师提供有效的职业生涯规划指导

农村幼儿园应加强对新入职教师的职业生涯规划指导，帮助他们明确职业发展的方向，帮助他们树立正确的职业价值观，形成职业认同感，从而使它们尽快适应工作环境，熟悉基本工作流程，顺利开展工作。

首先，园长要做好和新入职教师的第一次谈话。在与新入职教师第一次正式见面时，园长应就本园的发展目标、管理制度和新入职教师的个人发展规划做一次全面、真诚的交谈，目的是让新入职教师产生归属感和责任感，帮助他们对农村幼儿园和保教工作产生亲近感。

其次，园长应该把新入职教师的入职教育作为专项工作并列入园务工作计划，把帮助他们做好职业生涯规划摆在首要位置。园长或其他管理人员应该引导新入职教师在充分评估自己和农村幼儿园职业发展环境的基础上制定一份科学的职业生涯规划。园长应该指导新入职教师对自己的能力与特质进行分析，在此基础上确定从事农村幼儿园教师职业的长远目标和近期目标，明确自己与目标之间的差距和存在的困难，采取分阶段的形式拟定相应的发展措施。

2. 帮助新入职教师掌握基本的心理调适技巧

入职（职业）适应不良或困难是新入职教师常遇到的问题，要引起管理者的足够重视。

首先，当新入职教师在工作中出现不适应行为时，园长和其他管理人员应该及时引导教师做好角色转换的心理调适，帮助他们学习掌握基本的心理调适技巧，尽量减少角色冲突，缓解和消除新入职教师的职业倦怠。

其次，引导新入职教师正确认识自己，了解自己的优势和不足，帮助新入职教师正确认识工作中遇到的困难和问题，帮助他们正确归因，不要过分责备自己。园长应经常与新入职教师交流，定期和新入职教师进行一对一约谈，和他们交流、谈心，帮助他们分析其在适应期的工作情况，肯定其长处，帮助其改正不足。

（二） 加强对新入职教师保教专业能力的培训

新入职教师的保教实践能力高低在很大程度上会影响到他们入职后的角色转换水平。因此，在加强对新入职教师入职（职业）适应能力的指导和培训基础上，园长更要加强对他们的保教专业素质培训，指导新入职教师解决由理论向实践转换的关键问题，帮助他们不断增强自身的保教专业能力，树立专业自信。在保教专业能力逐步提高的同时，新入职教师的角色转换困难和入职（职业）适应不良也能得到有效缓解。

1. 建立教师专业成长共同体

有效提升新入职教师专业成长的方式是构建学习型教师团队或组织。新入职教师要想较好、较快地解决在专业发展初期面临的角色转换、教学反思等发展问题，需要来自专业团体的支持。

农村幼儿园应建立促进教师专业成长和发展的学习共同体，根据教师的专长、年龄、兴趣等进行优化组合，尤其要注意采取师徒制和老带新的做法。一方面，新入职教师更多是通过观察学习的方式获得实践经验，师傅每天的带班实践能为他们提供最直接的榜样，供他们学习和模仿。另一方面，师傅能在实践中随时、及时地为新教师提供指导，让新教师边学习、边实践，帮助他们解决实践工作中遇到的具体问题，使他们获得有效的策略和方法。

考虑到农村幼儿园研究水平有限，学习共同体还应该充分借助外援，借助本地学前教育教研员和学前教育专业大专院校的力量，请专家定期深入农村幼儿园，参与农村幼儿园的教育教学活动，对园本培训进行监督和指导，促进新入职教师和整个师资队伍培训效果的提升。

2. 突出培训的实践性和针对性

针对新入职教师的专业培训，要突出以下两点。首先，要突出实践性。在教育教学实践中，管理者引导新入职教师把已有的观念、理论知识向实践转化，指导他们在实践工作中了解幼儿的发展水平和特点，思考有效的教育教学策略。针对新入职教师的培训，要有理论知识和观念更新方面的培训，但更要有针对解决入职后教育教学实践问题的培训。其次，要突出针对性。针对新入职教师在保教专业实践能力方面存在的具体困惑，管理者要准确了解和把握新入职教师的培训需求，提供实践专业指导。同时，管理者要努力营造与提供支持性学习环境，让学习成为新入职教师的一种生活方式、一种生活习惯，如建立教师图书室，提供学前教育书籍、期刊、玩教具等资源。

案例

学期末，园里要求每人交一篇教育论文。一名新入职教师不知道写什么，只好求助于由年轻教师、老教师和研究生组成的学习共同体。一名老教师说："你不要选太大的题目，就写平时教学中遇到的问题。"新入职教师说："我觉得这样写没价值。"老教师说："不是非要写大的文章才有价值，我觉得你执教的音乐活动'数一数'就可以写，你在第二次执教时解决了第一次存在的问题，进步很大。"研究生说："这其实是幼儿亲社会行为的问题，可以抓住这点写。"老教师说："原来这属于亲社会行为啊，受益了！"

题目定了，新入职教师却不知从哪里入手。老教师建议："可以写成叙事文，把两次执教的情况和如何获得成功的过程写下来。"于是，新入职教师开始动笔。文章写完了，总觉得太乱，没有一条明确的主线。学习共同体又进行了讨论："论点不能太多，应该围绕一个重点写。"新入职教师按照意见认真修改后上交，在全国比赛中获了奖。

分 析

新入职教师需要学习共同体来引导他迅速进入专业领域。在学习共同体中，新入职教师能够快速获得大量的实践经验和理论知识。同时，学习共同体能够促进每名成员的专业成长。要构建一个好的学习共同体，要求大家要无私奉献自己的观点，平等对话，从而促进其成长。

案例生动说明了学习共同体是教师成长的助推剂。在学习共同体中，老教师传授给新入职教师大量的实践经验，从一定程度上弥补了新入职教师经验不足的缺憾，使新入职教师迅速积累经验，获得快速成长。在这样的学习共同体中，大家通过交流，碰撞思想，更快地提升了专业理念和能力，消除了个别化学习带来的孤独感，从而在互相学习中得到共同提高。

提 示

师徒制是当前农村幼儿园普遍采用的一种促进新入职教师专业成长的培训模式。它主要是以师傅的言传身教为主要教育方式和手段，徒弟通过观察和模仿师傅来学习。农村幼儿园的师徒制主要有园内的师徒和班级内的师徒。前者是指新入职教师根据本人的教学兴趣或自己的专业弱项，确定一个主攻方向，与园内能补己短的老教师结成师徒关系。后者是指新入职教师拜班级中的老教师和老保育员为师，向他们学习保育和教育的知识技能。

-------------------- 延 伸 阅 读 --------------------

对新入职教师的工作安排要合理

首先，对新入职教师的工作安排要考虑到教师团体的相互作用及其对新入职教师的影响。管理者应该有意识地把新入职教师安排在积极向上的人际环境中，让新入职教师与同事形成有效的学习共同体，这样有利于新入职教师得到有效的帮助和支持，较快成为一名优秀的熟练教师。

其次，对新入职教师的工作安排还要考虑到新入职教师在适应教学过程中承受的压力。安排给新入职教师的工作要适度。一般来说，为新入职教师不要分配过多的、过难的保教任务，避免他们没有时间和精力钻研教学。适宜的工作任务有助于新入职教师逐步建立自信心，对工作形成正向的积极认同。

第三节
农村幼儿园转岗教师的管理

为了补充农村学前教育师资的不足，农村中小学富余教师参加教育行政部门统一组织的保教专业培训，培训合格后可转岗到农村幼儿园工作。他们具有中小学教师编制，是当前农村幼儿园师资队伍中公办教师的主要构成。

一、农村幼儿园转岗教师的特点与需求

转岗教师的基本教学素养较高，但都不具有学前教育专业背景，对于农村幼儿园教育工作的理念与观念等缺乏全面、深入的理解和认识，在农村幼儿园保育和教育的专业知识与专业能力等方面更是知识与经验缺乏。因此，在进入农村幼儿园工作后，他们会出现一定的入职（职业）适应困难，在保教专业素质方面亟须培训。

（一）学历水平较高，教学经验丰富

转岗教师都具有中小学教师资格证，学历都在大专及其以上。高水平的学历使得他们在学习农村幼儿园教育理念、知识、技能时，接受能力更

强，掌握速度更快，这为转岗教师在农村幼儿园的专业发展奠定了良好基础，也有助于农村幼儿园师资队伍整体素质的提升。

另外，转岗教师中有相当一部分教师是教龄较长的教师。他们的教育学、心理学知识丰富，在教学实践能力方面也有一定积累，在教学活动组织、教学管理、教学反思等方面的能力也比较强。因此，当在自己的教学实践中发现原有教学经验和农村幼儿园教育工作的共同点时，他们就会更快地领会和适应农村幼儿园教育工作的要求，更容易摆脱转岗初期对农村幼儿园教师职业的不适应，尽快走上农村幼儿园教师专业成长之路。

（二） 入职 （职业） 适应能力有待指导

农村幼儿园和农村中小学在教育对象、工作环境、教育方法、同事（保教人员）分工与配合、家长工作等方面都存在较大差异，所以转岗教师在进入农村幼儿园工作后会出现不同程度的不适应。绝大多数人对所从事的农村幼儿园教育工作不是很了解，对农村幼儿园保教并重的工作性质和双重任务缺乏正确认识，因此在实践工作中会出现一日生活安排不够合理、保育教育工作配合不够紧密等问题，加上保障幼儿安全和与家长沟通等方面的工作压力，从而让自己面临较大的心理压力，对自己能否胜任保教工作产生一定的怀疑，工作积极性受到影响。

同时，大部分转岗教师从中小学转岗到农村幼儿园工作都是组织安排的，对于自己在农村幼儿园工作并没有清晰明确的职业发展规划，如农村幼儿园工作的方向在哪里？自身专业成长的目标是什么？……这种盲目性使得转岗教师入职后在遭遇保教工作的各种挑战时更容易产生挫败感、更容易产生消极的工作情绪，甚至产生再次调动工作、离职的想法。

（三） 保教专业素质亟待提高

虽然转岗教师在教育教学的基本素养方面有较为扎实的基础，但他们在进入农村幼儿园工作以后，仍然面临着严峻的专业素质挑战。与新入职教师不同，转岗教师在农村幼儿园保教实践中遭遇的挑战几乎是全方位的。

他们遇到的困难很多，包括：不了解幼儿的身心发展特点和规律；不了解农村幼儿园教育工作的性质和特点；不能进行有效的环境创设和材料投放；找不到有效的班级管理方法；在教学方法上容易出现"小学化"倾向；认为学习比游戏更重要，不给幼儿自由游戏的时间，也不会对游戏进行有效指导。

案例

以前，我对幼儿教育、心理、保健一无所知。刚来幼儿园的时候，我只知道干活、搞卫生，解决幼儿的问题时不讲究方式方法。园领导和同事耐心地指导我："保育员不仅是搞卫生，照顾孩子吃喝，这里面大有学问。保育员也是老师，保中有教，教中有保，教育其实就在孩子生活的点点滴滴、时时处处……"我记住了这些话，却没有真正领会其要义。

有一次，班上一名叫豆豆的小男孩尿湿了裤子，我不假思索，拿来干裤子当着所有小朋友的面想给他换上。不料，这个平时文静、腼腆的孩子居然又哭又闹，就是不肯换。我只好拿了一块干毛巾垫到他的裤子里，豆豆不哭了。这时，我才突然意识到，豆豆是因为害羞才哭闹的，这么小的孩子也有自尊。从那以后，不管孩子是尿裤子还是尿床，我都是不声不响地避开所有的孩子，帮助其解决问题，不让其他小朋友知道。

由这件事开始，我也逐渐领悟"保育员也是老师"这句话的分量。在解决孩子的问题上，方式和方法是多么重要。

摘自：黄文华. 一名转岗保育员的成长故事 [J].
学前教育，2013(7-8)：80-81.

分析

转岗教师到农村幼儿园工作，面临的挑战是全方位的。为了胜任新工作，他们既需要对学前教育理念和观点有所了解和认识，更需要农村幼儿园管理者、同事在实践工作中给予非常具体的指导。

案例中，园领导和同事对保育员的耐心提醒和指导，使她在实践中学会了保育工作的具体方法，认识到保育工作中蕴含的教育因素，学会了尊重和保护幼儿的自尊心，深切体会和理解了农村幼儿园保育工作的重要性。对于转岗教师来说，这种在农村幼儿园保育教育实践工作中的针对性指导，能帮助他们在农村幼儿园教师专业成长的道路上越来越快地成长。

提 示

转岗教师从中小学进入幼儿园，除了在职业技能方面的适应以外，还要对任教园的环境进行适应。农村幼儿园教师职业环境是多层次的开放系统，大致分为三个层次：社会环境、农村幼儿园环境、自身成长环境。其中，农村幼儿园环境是对转岗教师进入农村幼儿园工作以后影响最直接、最重要的环境。幼儿园与中小学在性质上存在很大差异，所以在物理环境、制度环境、文化环境等方面也有所不同。物理环境包括工资待遇、学校位置、硬件条件。制度环境包括规章制度、领导方式、培养指导、评价机制。文化环境包括教师文化、人际关系、园所氛围。因此，对转岗教师入职（职业）适应需求的关注应从关注农村幼儿园环境的这三个方面入手，以期对教师入职（职业）适应的需求有全面、深入的了解。只有这样，才能为他们提供针对性的帮助和指导。

-------------------------- **延 伸 阅 读** --------------------------

转岗教师入职（职业）适应的四个阶段

转岗教师入职（职业）适应过程大致分为四个阶段：幻想阶段、休克阶段、调整阶段和分化阶段。

幻想阶段，即转岗教师对学前教育充满了幻想和憧憬，他们带着已经形成的教师角色、先前的教学经验和成为好老师的理想来到幼儿园，情绪和行动上都比较积极。休克阶段，即转岗教师的理想和憧憬受到现实的冲击，实际的教学与他们的想象不同，每名幼儿也不如想象中那么好教，同事之间也不如想象中那样单纯，感到力不从心，甚至焦虑与迷茫。调整阶段，即转岗教师开始反思，努力在适应幼儿园的工作环境、任务要求和自己的专业成长上做出一些积极改变。分化阶段一般出现于第一或第二年末，即转岗教师会通过自己在过去一（两）年里的经历和感受，对自己是否适合农村幼儿园教师工作做出判断，决定留任或离职，这个阶段也是教师流失的高峰期。

二、农村幼儿园转岗教师的培训与管理

针对转岗教师在入职（职业）适应和保教工作中遇到的困难，农村幼儿园管理者应该根据《幼儿园工作规程》《幼儿园教育指导纲要（试行）》《幼儿园教师专业标准（试行）》等文件中对教师角色和专业发展的要求，从农村幼儿园发展的实际出发，在教育教学实践中积极支持、帮助转岗教师有效实现角色转换，改善入职（职业）适应的不良状况，在此基础上采取多种方式和策略有效促进转岗教师的专业成长，逐步、全面提升其专业素质。

（一）完善对转岗教师入职（职业）适应的管理和指导

农村幼儿园管理者应该完善对转岗教师入职（职业）适应的管理和指导，帮助转岗教师对进入农村幼儿园以后的职业生涯进行科学、有效的规划，同时对他们进行心理健康知识和技能方面的培训，帮助他们有效缓解和减轻工作中的不适感。

1. 为转岗教师提供有效的职业生涯规划指导

科学有效的职业生涯规划，有助于转岗教师明确工作目标和方向，减少和消除因工作盲目带来的入职（职业）适应不良和困难。具体来说，应

针对转岗教师入职（职业）适应的四个发展阶段的需求，从增强转岗教师的积极主动性和改善园内教师发展环境两方面入手。

幻想阶段。农村幼儿园为转岗教师建立个人档案，详细记录每名教师的年龄、教龄、转岗前学历、能力、兴趣、特长等，在此基础上对转岗教师的岗位进行合理安置，妥善安排好任教班级。如可先让转岗教师担任农村幼儿园大班的教学工作，因为大班幼儿心智、学习能力与小学生比较接近，有利于转岗教师构建适宜的教学模式。可以针对转岗教师的弱势，充分发挥其原有的教学优势，与农村幼儿园现有教师进行取长补短的搭配，如有音乐、美术特长的转岗教师搭配语言能力好的教师。同时，农村幼儿园引导转岗教师转变教育观念，明确幼儿园教育与中小学教育的共性与差异，在工作中做到有的放矢，正确认识学前教育的重要性和教师的作用，形成对农村幼儿园教师职业的合理期待。

休克阶段。转岗教师最需要领导关怀与关照、同事支持和帮助，因此要创造民主、开放、充满人文关怀的园所环境。首先，园长应有意识地帮助他们建立良好的人际关系，营造和谐、宽松的工作环境，让他们感受到亲人般的温暖，体会到团结合作的归属感，如通过沟通交流缓解转岗教师的内心压力，帮助他们解除思想顾虑，树立信心，加快适应过程。园长要正确对待转岗教师在入职工作中出现的不足与失误，为转岗教师创设宽松、民主的心理氛围，建立上下级、新老教师之间平等的对话机制。其次，园长要努力营造积极互动、合作共享的教师文化。一方面，提升教师的合作理念，使新老教师认识到许多问题仅靠自己的力量是无法解决的，必须依靠集体的智慧，鼓励老教师多体谅新教师的难处，积极热情帮助新教师。另一方面，建立学习共同体，为新老教师提供活动交流的机会，增进相互之间的了解与沟通，让转岗教师融入农村幼儿园集体中，逐步缓解、消除在农村幼儿园工作的不适应，使他们从心理上真正接受农村幼儿园。

调整阶段。首先，完善促进转岗教师入职（职业）适应和专业发展的支持网络，搭建发展平台。在园本培训中，农村幼儿园应为转岗教师配备经验丰富的指导教师，合理安排教师的工作量，建立相应的鼓励和奖励机制，有效发挥师徒制、导师制的积极作用。其次，积极发挥学习共同体作用，帮助转岗教师从同伴那里获得更多的专业发展支持，改变转岗教师"孤军奋战"的局面，有助于他们提升教育教学能力，学会创造性开展教育教学工作。最后，帮助转岗教师逐渐培养起教学反思能力。转岗教师在每天工作结束后，及时记录当天的活动过程和心得体会，列举遇到的成功和不成功的保教事件，进行全面、深入的反思，分析问题产生的原因及改进办法等，与指导教师或有经验教师共同探讨。

分化阶段。园长努力改善转岗教师的工作环境，提高转岗教师的福利待遇，改善转岗教师的职业生存和发展空间。只有当农村幼儿园的硬件设施、工作环境、工资待遇达到合理水平，这些外在因素才不会成为转岗教师入职（职业）适应的阻碍，转岗教师不适应或流失现象才能得到较大改善。

2. 对转岗教师进行心理健康知识方面的培训

管理者也要引起足够重视，为有需要的转岗教师提供心理健康方面的指导。

一方面，当转岗教师在工作中出现不适应行为时，园长和其他管理人员应及时引导转岗教师做好角色转换的心理调适，帮助他们了解职业角色发展的相关理论，学习掌握基本的心理调适技巧，尽量减少角色冲突，缓解和消除转岗教师的职业倦怠。

另一方面，引导转岗教师正确认识自己，了解自己的优势和不足，帮助转岗教师正确认识工作中遇到的困难和问题，帮助他们正确归因，不要过分责备自己。园长要经常与转岗教师交流，定期和转岗教师进行一对一约谈，和他们交流、谈心，帮助他们分析其在适应期的工作情况，肯定其长处，帮助其改正不足。

（二） 全面提升转岗教师的保教专业素质

如前所述，转岗教师在农村幼儿园保教实践中遭遇的挑战是全方位的，他们的专业理念与师德、专业知识和专业能力等都亟待提高，因此针对转岗教师的培训必须是全方位的。

1. 加强对转岗教师的岗前培训

对于农村幼儿园转岗教师来说，尽管各级教育行政部门在转岗教师入职前会组织本地区的统一培训，但由于地区培训面向的是本地区所有的农村幼儿园转岗教师，因而培训对象众多，只能进行一些学前儿童心理和教育的基本理论知识的传授，无法解决具体问题，所以农村幼儿园转岗教师在入职前，还应该结合农村幼儿园保教工作的实践要求，对他们进行实践技能的培训，包括一日生活的安排与组织、幼儿观察与评价、教育活动的设计与实施等，为开展实践工作奠定基础。

2. 进行整体系统设计，保证培训内容的全面

一方面，加强对转岗教师学前教育相关理论知识的培训，帮助他们学习、掌握学前教育的专业基础理论，及时了解幼儿的身心发展特点，进一步了解学前教育的工作性质和工作任务，学习先进的教育方法。

另一方面，加强转岗教师实践知识和实践能力的培训，及时讨论、解决转岗教师在实践工作中遇到的问题。需要强调的是，在对转岗教师进行专业知识和专业能力的培训过程中，应把专业理念和师德养成的内容渗透进去。只有这样，才能从整体上提高转岗教师的保教专业素质，帮助他们掌握专业自主发展的科学策略，建构自身的专业理论与实践知识体系，增强自己作为一名农村幼儿园教师的使命感和责任感。

3. 减少集中的理论培训，尽量进行参与式培训

结合全园教育教学的关键问题和转岗教师在实践中遇到的问题，培训

灵活采用小组讨论、案例分析、观看录像带、看课评课、角色扮演、辩论等多种形式，帮助转岗教师在实践中不断提高准确分析问题、解决问题的能力。对转岗教师进行参与式培训，可以在培训者和转岗教师之间创造一个平等对话的机会，为转岗教师提供宽松、安全的学习氛围，使大家畅所欲言，有利于让转岗教师产生主人翁感，为个体学习和小组合作创造空间，使不同意见在培训成员之间、培训成员与专家之间相互交锋，迸发思想的火花，生成新的知识。

案例

我从中师毕业后，在小学工作了 10 多年，申请工作调动，没想到被调到了幼儿园。这种突变给我带来了很大的打击。一切都要从零开始，非常不适应。没学过学前教育理论，让我如何面对这些天真无邪的幼儿？

对于教师职业，我有过许多美好的回忆，可这些在来到幼儿园的那一刻，全部化作泡影。我不得不学习学前教育理论。慢慢地，我发现教育是相通的。小学教师从事学前教育工作，也不是不可以。首先要关注每一名幼儿，要有爱心，要有更多的热情和细心。"蹲下来看学生"的理念也十分适合幼儿园。其次，力求业务上的精湛。对我而言，上一般的课不成问题，问题是弹琴、跳舞都不是一两天就能学会的，这也是我来到幼儿园工作面临的最大压力。

为了适应幼儿园的工作，我迫切希望得到更多的培训与学习的机会。如果有人引领的话，我能在这条路上走得更好、更远。

摘自：胡莉. 一位幼儿园转岗教师的心路［N］.
中国教育报，2011－10－28（4）.

分析

从小学转岗到农村幼儿园工作的教师，面临的挑战是适应新的农村幼儿园工作。案例中，教师刚到幼儿园工作时，很受打击，有各种不适应，这是转岗教师普遍会遇到的问题。因此，针对转岗教师的培训，首先应针对他们的入职（职业）适应问题，帮助他们了解农村幼儿园教育工作的性质和特点，帮助他们逐步掌握农村幼儿园保教工作开展所需的基本技能，减轻对农村幼儿园教育工作的不适感。其次要引导转岗教师在保教实践工作中认识到自己的优势和不足。案例中，教师通过自己的实践，对幼儿园教育工作的任务要求有了深刻理解，对自己的优势和不足也有了认识，这就明确了自己的专业成长和发展方向。最后要引导他们从已有的教学经验中进行有效迁移，而这也是提高保教能力的关键。让转岗教师认识到农村幼儿园教育工作和中小学教育工作的共同点，是十分重要的。案例中，教师发现教育是相通的，这就帮助转岗教师逐步树立了自信，更快、更有效地适应了幼儿园工作，走上专业成长的道路。

提示

转岗教师要成长为农村幼儿园师资队伍的重要力量，既需要转岗教师扬长避短，主动适应农村幼儿园工作，又需要农村幼儿园重视转岗教师专业成长，切实提高转岗教师素质。农村幼儿园转岗教师从新入职教师蜕变为专家型教师，需要经历漫长的阶梯式培养过程。在这个过程中，转岗教师需要改变自己原有的专业发展道路，重新设定专业发展目标，重新学习专业知识，重新实现自我价值。对于转岗教师来说，这个艰难的蜕变过程不仅需要转岗教师自身的努力，更需要农村幼儿园的支持和鼓励。农村幼儿园应从园本培训着手，有目的、有计划、分步骤、分重点地对转岗教师进行有针对性的培训，为每个阶段的转岗教师成长奠定扎实基础，为下一阶段设定新的目标和期望，循序渐进地促进转岗教师的专业成长。

-------------------- 延·伸·阅·读 --------------------

贵州省农村幼儿园转岗教师培训策略

2011—2012 年，贵州省承担了"国培计划"1200 名农村幼儿园转岗教师的培训任务。针对培训，贵州省提出了"基于现实、基本胜任、入职接轨"的适宜性培训指导思想，采用了四种培训策略：一是多维课程联动，架构以教师主体性发展为核心的多元课程模式；二是以体验为本，探索有意义的培训形式；三是从整体教育观念出发，实施训前、训后实践课程一体化管理；四是关注教师职业适应，探索多形式的训后跟踪指导机制。其中，多维课程包括四部分：学科课程以师德修养与素质、学前教育和幼儿发展指导为主要内容；实践课程以幼儿园活动设计与组织能力为核心；自主课程围绕学员个性特点及幼儿园的课程特点，设计多向度的教育技能自选课程；活动课程以团队共同学习的特点为核心，设计团队建设、心理融通、生涯规划等课程。

摘自：瞿理红，张剑辉. 农村幼儿园转岗教师培训策略分析——以贵州省为例 [J]. 中国教育学刊，2013（8）. 84 - 86.

第四节
农村幼儿园非在编教师的管理

当前，我国幼儿园教师分为在编和非在编两大类。在编幼儿园教师拥有事业单位编制，由财政拨付工资。非在编幼儿园教师不占用事业单位编制，工资由办园者支付。

非在编教师是我国农村幼儿园教师队伍的绝对主体。由于乡镇中心幼儿园和村办幼儿园都不是独立法人单位，所以绝大多数农村幼儿园教师没有事业单位编制。只有在个别地区，由于农村幼儿园和农村小学存在附属关系，所以园长和部分教职工拥有事业单位编制。

一、农村幼儿园非在编教师的特点与需求

非在编教师由于无法享受事业单位工作待遇，所以工资待遇缺乏有效保障，流失现象比较严重，"年年培训、年年是新人"的现象重复上演，导致农村幼儿园面临队伍不稳定、教育质量难提高的困境。

（一）待遇低且缺乏有效保障，工作压力大

由于没有事业单位编制，非在编教师的工资待遇普遍偏低。特别是近些年，农村幼儿园教师的待遇问题更加突出。

众所周知，在工资待遇低的情况下，社会保险，尤其是养老保险，对于个体的生存来说，就是重要的保护屏障。但由于身份问题，农村幼儿园非在编教师的养老保险问题始终不能很好地解决。仅在一些经济相对发达的地区，政府为符合条件的农村幼儿园非在编教师解决了"一险"（养老保险）或"两险"（养老保险、医疗保险）问题。即便如此，他们的社保待遇水平也都偏低。另外，由于绝大多数地区的教育行政部门没有把非在编教师的职称评定和进修培训纳入职责范围之内，所以广大非在编教师在职称评定、进修培训等专业发展上也得不到保障。

在各项待遇偏低的情况下，广大非在编教师却承担着非常大的工作压力。数据显示，目前我国农村幼儿园普遍存在着师幼比超标的现象，大概是 1：40—1：80，有的地区的师幼比高达 1：180。超高的师幼比使广大农村幼儿园非在编教师的工作量增加。

（二）专业化水平偏低，专业发展机会和动机不足

身份得不到认可、待遇低下等生存困境，导致农村幼儿园对优秀师资

缺乏吸引力，教师不合格比例偏高，队伍整体素质偏低。即使在合格的农村幼儿园教师群体中，学历合格率普遍较高，但专业合格率却普遍较低。学历合格的教师多是非幼师、非师范教育专业毕业。他们大多是通过岗前培训和在职培训达到学历资格要求的。对于这部分教师，即便通过了岗前培训和在职培训，其专业成熟期也较长，专业水平提升的空间也十分有限。

受待遇偏低影响，相当一部分非在编教师促进自身专业成长的积极性和主动性不足。农村幼儿园教师的培训机会相比城市而言少很多。培训内容理论多、实践少，大部分内容脱离农村幼儿园教育实践，不能针对性解决农村幼儿园教师实践工作中遇到的具体问题。培训形式单一，参与式培训少。

同时，大量的非在编教师仍具有较强烈的专业发展愿望，希望能在专业理念、专业知识和专业能力各方面得到培训，希望能不断提高自身的专业水平。近些年来，农村学前教育发展受到国家高度重视，农村幼儿园教师参加县级、省级甚至国家级培训的机会越来越多，这让更多的农村幼儿园非在编教师看到了良好的职业发展前景，专业发展的动机也在增强。

案例

要说我们农村幼儿园教师的地位，我觉得是"精神上的巨人、物质上的矮子"，干着伟大的育人工作，可是收入却难以养家糊口。在我们这里，刚参加工作的教师月工资700元左右，中级职称的也不过1100元左右。城区条件好的园还可能有点福利，农村几乎没有什么福利待遇，而且工作压力大。一个人面对50多名幼儿，光是他们的安全问题就让我操心。虽说是在农村，可现在大部分家庭也都是一个孩子，都是家长手心里的宝。如果在农村幼儿园出了什么事，我们是担不起这个责任的。而且，我不能生病。我病了，幼儿怎么办？在这样的工作环境中，我总想给幼儿更好的，可做研究是一件不容易的事。农村幼儿园地理位置偏，没有什么可利用的学习资源，出去学习的机会也很少。即使这样，一想到和幼儿之间的那份感情，我还是觉得幸福不已。

摘自：闫伟鹏. 农村幼儿教师生存状态的叙事研究［D］. 西南大学，2010：18－21.

分析

农村幼儿园非在编教师面临着较严峻的生存困境。因为没有事业单位编制，待遇得不到保障，所以很多非在编教师的基本生存受到威胁。同时，他们忍受着巨大的工作压力，如大班额带来的安全隐患、教育质量提高对教师的要求、专业发展环境的贫乏……案例中反映的这些问题具有普遍意义。但是，我们也看到，即便在这样的情况下，非在编教师仍然怀有一颗爱幼儿的心、一颗上进的心，继续奋斗着。不论是遭遇困境，还是在困境中坚持奉献，这些都充分体现了非在编教师的典型特点和需求。

提示

身份问题是导致农村幼儿园非在编教师队伍不稳定、待遇无法有效保障的根本原因。一方面，高素质的教师招不来。另一方面，不少非在编教师长期从教的愿望和专业发展的愿望不强。只有认识到这些，园长在管理非在编教师的问题上，才能准确找到管理的切入点。要提高非在编教师的整体素质，就应该从解决非在编教师待遇入手。只有稳定队伍、解决好待遇问题，广大非在编教师才能安心从教，追求自身的专业成长和发展。

------ 延 伸 阅 读 ------

农村幼儿园教师的培训需求

对 200 名农村幼儿园教师的调查发现，教师的培训需求表现在以下几个方面：从培训动机看，84.9%的教师参加培训是"为了自身专业发展"，22%的教师是因为"培训可为我带来收益，如工资增长"；从培训方式看，67.7%的教师最需要"看骨干教师的示范课"，63.3%的教师希望"去示范园跟岗学习"，36.7%和35.4%的教师希望是"园际之间的观摩学习"和"同伴之间相互交流研讨"；从培训内容看，专业技能、职业素养、保育知识等是农村幼儿教师迫切需求掌握的内容；从培训时间看，一部分教师希望培训时间安排在寒暑假，一部分则希望在示范园里跟着优秀、骨干教师进行跟岗学习。

二、农村幼儿园非在编教师的培训与管理

对农村幼儿园非在编教师的管理，解决教师的编制只是办法之一。在编制问题短期不能解决的情况下，管理者应结合国家教师队伍建设与管理的思路，通过有效的师资管理来稳定农村幼儿园非在编教师队伍，并在稳定队伍的基础上加强对非在编教师的保教专业素质培训。

（一）完善农村幼儿园教师聘任制

《中华人民共和国教师法》第三章"资格和任用"的第十七条规定："学校和其他教育机构应当逐步实行教师聘任制。"因此，农村幼儿园对非在编教师的管理也必须以实行教师聘任制为基本前提。

在农村幼儿园推行教师聘任制，必须打破原有按教师在编、非在编身份进行分类管理的做法，而应以教师是否具备教师资格证作为教师聘任的主要依据，以确保非在编教师能够享有与在编教师平等的法律地位，努力做到同工同酬。只有这样，才能从根本上解决农村非在编教师的待遇和发展问题。

合格化是明确农村幼儿园非在编教师身份、保障他们享有各项待遇和合法权益的有效途径。农村幼儿园应区分对待新、老教师。对于新招聘的

教师，首先应将应聘者是否具备教师资格，尤其是幼儿园教师资格，作为招聘的必要条件。对于已在农村幼儿园工作的非在编教师，分两种情况处理。年纪较小（一般在 40 岁以下）的，鼓励他们考取教师资格证，并对取得教师资格证的教师予以奖励。对于从教多年、年龄较大、达到资格要求确实有困难的老教师，可以不在资格上做硬性要求，但在保教工作规范和专业发展方面提出严格要求。

在招聘和使用合格教师的基础上，农村幼儿园应该与在园工作的每名教师签订聘任合同，使被聘教师和农村幼儿园之间形成法律上的契约关系。聘任合同应该按照国家要求，明确规定被聘教师的岗位、工作量、工资及福利待遇、合同期限、试用期、解聘或退职的法律程序以及其他双方需达成一致的问题。聘任双方的责、权、利应在合同中加以明确，真正保证合同能体现聘任双方在法律上的平等地位。

实行全园教师聘任制后，农村幼儿园可以根据被聘教师的工作表现进行解聘、续聘、改聘等，破除教师职务终身制，实现被聘教师之间竞争上岗，带动整个师资队伍素质的提升。

（二）保障合格非在编教师的待遇

在实行教师聘任制的基础上，合格非在编教师的各项待遇应受到合法保障。

首先，建立科学、合理的教师工资和社会保险制度，保证非在编教师的待遇得到妥善解决。农村幼儿园应该参照在编教师工资，根据本地教育行政部门设定的教师最低工资标准或本地教师工资的平均水平，结合教师的学历、教龄、工作量、业绩表现等，设计公平、合理的教师工资制度，保证非在编教师工资水平逐步提高，做到及时、足额发放。同时，应该努力建立非在编教师的养老保险制度，采取农村幼儿园和教师个人共同分担的方式，解除非在编教师的后顾之忧。有条件的农村地区和农村幼儿园，应该进一步解决非在编教师的医疗保险和其他社会保险待遇。

其次，在进修培训、评奖评优等各项待遇上，对园内所有教师一视同仁，让非在编教师和在编教师一样，平等享有通过自己的努力去获得进修培训、评奖评优机会的权利，帮助非在编教师树立长期从事农村幼儿园教育工作的信心。

（三） 调动非在编教师参与培训的积极性，多形式增强培训效果

在完善教师聘任制、保障教师待遇的基础上，农村幼儿园管理应致力于通过调动教师专业学习积极性来提高非在编教师专业素质和水平。具体来说，可以开展以下几方面的工作。

首先，建立教师激励机制，充分调动教师参训积极性。园长应该按照相关政策要求，积极选送本园优秀非在编教师参与培训，在教师待遇、休假等方面提供支持和保障。同时，通过园本教研活动的制度化，带动全园教师参与教育教学研究，不断提高他们的专业水平。园长在教师绩效工资制度的设计上，要对积极参与培训、培训效果良好的非在编教师予以倾斜。

其次，做好非在编教师培训需求的调研，按需实施针对性培训。农村幼儿园管理者应该对本园非在编教师的培训需求做全面、详细的调研，包括培训动机、培训内容、培训形式、培训效果评价等，在此基础上进行针对性的培训内容设计。

最后，开展多形式的非在编教师培训，突出培训的实践性。目前，农村幼儿教师培训方式大多采取直接讲授式，忽视教师参与的主体性，教师大多处于被动接受状态，很少有与专家、优秀教师讨论交流的机会。因此，管理者要改变原有的培训模式，充分开展参与式培训，真正做到以教师有效学习为中心，充分发挥非在编教师参与培训的主体性。在培训内容上，突出非在编教师在教育教学实践中遇到的问题，通过外来专家指导、

本园骨干教师示范、教育活动观摩、教学案例研讨等多种形式增强培训效果，为非在编教师专业发展提供有力支持。

案例

浙江省湖州市德清县辖 11 个乡镇。全县共有幼儿园 27 所，在园幼儿 10 792 人，学前三年入园率 98.62%。自 1998 年起，幼儿园全部收归教育行政部门统管，县幼儿教育事业也有了一定发展，但同时面临很多问题：经费投入少，办园水平低；47% 的乡镇中心幼儿园没有独立的园舍，41% 的幼儿园没有独立建制；教师人均待遇 200—400 元；没有医疗、养老保险；没有适时的培训，导致队伍不稳定。

自 2002 年起，该县出台了一系列有关农村学前教育事业发展的政策，开展了农村学前教育事业改革，取得了不俗的成果。截至 2006 年年底，该县相继完成了所有乡镇幼儿园收归公办的转制工作，所有乡镇中心幼儿园完成独立建制并全部由乡镇政府举办；所有村幼儿教学点由村集体举办，全部由乡镇所辖的中心幼儿园统一管理；100% 非公办幼儿园教师参加了由教育局组织的教学业务培训和合格性考试，全部参加了养老保险、医疗保险、失业保险。

摘自：梁慧娟. 中国幼儿园教师政策研究 [D]. 北京师范大学，2007：80 – 81.

分析

浙江省湖州市德清县对农村幼儿园非在编教师的问题解决，是在探索和改革农村学前教育事业发展模式和管理体制的背景下发生的。他们探索出一条"城镇多元办园体制、农村单一政府办园体制"的路子，具体做法是将所有农村幼儿园（包括乡镇中心园和村幼儿教学点）全部收归公办，实行国有民营，实现了农村学前教育的高质量。在农村幼儿园转公的过程中，建立健全了"县—乡镇中心幼儿园—村教学点"的管理体制，实现中心幼儿园对本镇内村教学点的经费、人员和日常保教工作的统筹管理。此外，还通过要求学历不合格的教师要限期达标、以上挂下派的形式向乡镇中心园派驻一定数额的公办教师、对非在编教师进行分类培训等做法，保障非在编教师的培训待遇，提高农村幼儿园教师队伍的质量。

提 示

为保障农村学前教育事业持续、健康发展，身份问题不应成为制约农村幼儿园教师队伍建设与发展的瓶颈。对农村幼儿园非在编教师的管理，应从整个教师队伍管理的大局出发。所有合格的农村幼儿园教师均应被承认其教师身份，均应被纳入政策规范和保护的范围。农村幼儿园教师应当积极实现自身的合格化。为此，非在编教师应按照《幼儿园教师专业标准（试行）》提出的合格幼儿园教师的专业素质要求，从专业理念与师德、专业知识和专业能力等方面入手，加强专业学习，努力提高自身的专业素养。

-------------------- **延 伸 阅 读** --------------------

张家港市管理农村幼儿园非在编教师的经验

江苏省张家港市管理农村幼儿园教师队伍的指导思想是"淡化身份,强化资格"。根据资格获得情况,农村幼儿园非在编教师分为两类:合同教师和临时代课教师。合同教师要求达到国家规定的幼儿园教师资格要求,由镇聘用,在镇登记注册。临时代课教师中大部分不具备教师资格,属于临时代课人员,由幼儿园自主聘用。合同教师的待遇高于临时代课教师。初期,只要有幼儿园教师资格证即可成为镇合同教师,后来由于对临时代课教师也有了相应的学历和资格要求,故对合同教师的要求又在达到资格的基础上加上了工作须满五年的要求。在合格的基础上,教师待遇由镇统筹,提出"三个确保"的原则:一是确保工资按月足额发放;二是确保收入与公办教师相差无几,将合同教师的待遇提高到公办教师待遇的 80% ;三是确保参加城镇社会保险(五险)。

摘自:梁慧娟.中国幼儿园教师政策

研究[D].北京师范大学,2007:80.

思 考

1. 农村幼儿园师资队伍管理的基本思路是什么?

2. 农村幼儿园新入职教师的特点和需求是什么?

3. 农村幼儿园转岗教师培训与管理的策略有哪些?

4. 农村幼儿园非在编教师培训与管理的策略有哪些?

第五章
农村幼儿园家长、 社区工作管理

　　家长是农村幼儿园的服务对象，也是重要的教育合作伙伴。社区是农村幼儿园生存和发展的基本环境。农村幼儿园要实施有效管理，必须做好家长工作，加强与所在社区（乡镇、村）的联系，将家长工作和社区工作有机结合起来。

第一节
农村幼儿园家长工作管理

　　家长工作是农村幼儿园管理工作的有机组成部分，对于实现教育目标、教育好幼儿、办好农村幼儿园都十分重要。农村幼儿园应密切与幼儿家庭的联系，主动引导和影响农村家长，一方面帮助他们了解农村幼儿园的保教工作，另一方面为他们提供必需的科学育儿知识，帮助他们提高科学育儿能力，相互配合，密切合作，共同促进幼儿健康快乐成长。

一、农村幼儿园家长工作的目标与内容

（一） 农村幼儿园家长工作的目标

农村幼儿园要把家长工作放在与保教工作同等重要的位置上。具体来说，农村幼儿园的家长工作应着重实现以下目标。

1. 发挥主导作用，家园配合促进幼儿健康成长

农村幼儿园教育与家庭教育在培养幼儿的目标和方向上具有一致性，都必须依据国家的教育方针，为培养社会主义现代化的建设者奠定良好基础。教师与幼儿家长都是教育者，都是对幼儿实施教育的主体。

农村幼儿园作为正规教育机构，要更好地实现教育目标，就要在与幼儿家庭的合作中有效发挥主导作用。农村幼儿园应充分重视并主动做好家长工作，使农村幼儿园与家长在教育思想、原则、方法等方面取得统一认识，双方配合一致，形成教育合力，共同促进幼儿身心全面和谐发展。

2. 提供家教指导，帮助家长承担起家庭教育的责任

许多家长没有受过专业培训，尤其是照顾留守儿童的祖辈家长，他们对科学育儿理念缺乏正确认识，在教育观念和教养方式上存在一定的误区和偏差。如不少家长认为，幼儿进了幼儿园就应该识字、写字、算算术，做游戏根本就是浪费时间。这种错误认识反映了家长缺乏对科学育儿的了解。另外，有些家长自身文化水平、行为习惯和文明素养也不尽如人意。

因此，农村幼儿园在做家长工作时，应充分了解幼儿家庭的成员情况、育儿需求和育儿水平等现状，有针对性地提供必要的指导，帮助家长树立正确的教育观念，掌握正确的教养方法，提高科学育儿的自觉性，较好地承担起育儿职责，改进家庭教育现状，发挥家庭教育优势，给幼儿的成长与发展以积极的影响。

3. 调动家长积极性，支持和参与农村幼儿园教育与管理

家长是重要的教育力量和资源，而不只是接受农村幼儿园服务的对象。农村幼儿园的教育要取得成效，必须得到家长的积极配合和参与。家长的关心与支持、监督与评价是搞好农村幼儿园管理、提高保教质量的重要因素。同时，家长也是农村幼儿园获得广泛的社会理解和支持、扩大教育和服务功能以及树立自身良好形象的重要中介和桥梁。

农村幼儿园应努力做好家长工作，激发其参与农村幼儿园教育与管理的积极性，争取他们的关心和支持，同时虚心听取家长对农村幼儿园各项工作提出的建设性意见和建议，共同办好农村幼儿园。

（二） 农村幼儿园家长工作的内容

具体说来，农村幼儿园家长工作主要包括以下四个方面。

1. 密切家园双方的联系与沟通

密切家园双方的联系与沟通是农村幼儿园家长工作的重要内容和前提。通过有效的沟通，农村幼儿园和家庭之间能够建立起相互尊重、相互信任的伙伴关系，为双方合作打下基础。同时，农村幼儿园能够从家长那里获得对农村幼儿园工作的反馈信息，有助于不断提高农村幼儿园的保教和管理水平。

在实践工作中，大量的家园联系与沟通是由教师承担的。教师通过与家长的联系与沟通，可以了解幼儿的家庭环境与家长的教养方式，对其进行有针对性的教育，同时帮助家长及时了解幼儿的在园情况，了解农村幼儿园的教育要求，积极争取他们对农村幼儿园工作的支持与配合。

教师在与幼儿家长的交往中，必须以尊重对方为第一要务，加强联系，及时沟通情况，化解和处理矛盾，增进相互信任，共同探讨有效的教育途径和方法，实现同步教育。下面是可供了解幼儿及其家庭基本情况的

调查表，供教师做家长工作时参考。

表 5-1　幼儿基本情况调查表

填写人＿＿＿＿＿＿＿＿＿　　　　　　　　填写时间＿＿＿＿＿＿＿＿＿

幼儿姓名		性别		出生年月		籍贯		
家庭住址								
家庭状况		姓名	年龄	文化程度	职业	工作单位	联系电话	
	父亲							
	母亲							
	家庭其他成员（共同居住）							
	主要抚养人							
生活状况	特殊的饮食习惯			独处时常做的事情				
	特殊的睡眠时间			经常一起玩的玩伴				
	最喜欢的活动	室内		日常较亲密的人				
		室外		特别害怕的事物				
	最爱看的电视节目			特殊的行为问题				
	最常玩的玩具			其　他				
健康状况	预防接种	有	无	曾患病症	有	无	常患病症	有	无
	小儿麻痹			水痘			感冒		
	卡介苗			白喉			腹泻		
	麻疹			百日咳			发热抽筋		
	其他			麻疹			过敏症		
				其他			其他		

说明：该表在幼儿刚入园时，由家长填写。

表 5 - 2　幼儿家庭基本情况调查表

幼儿姓名		性别		出生年月	
家庭住址					
社区环境	嘈杂/安静				
家居环境	整齐清洁/杂乱无章/肮脏				
家庭经济状况	富裕/中等/较困难				
家长或监护人	姓名		职业		文化程度
家庭其他成员					
幼儿受教育经历（入本班前的教育）			家庭/幼儿园		
幼儿健康状况					

幼儿在家中的活动情况	生活时间	早上起床		午睡		晚上睡眠	
		早餐		午餐		晚餐	
	饮食	是否会使用餐具独立进餐			进餐所需时间		长/中等/短
		进餐情绪	喜欢/讨厌	食量		是否挑食	

续表

幼儿在家中的活动情况	睡眠	是否独睡		是否尿床		是否赖床	
	自理能力	是否喜欢自己做事		是否自己洗手		是否自己洗脸	
		是否会控制大小便		是否会表达需要		大小便是否会自理	
		是否会独立穿脱衣、裤、鞋			是否会扣扣子、系鞋带		
	游戏	最喜欢的玩具					
		最喜欢的图书					
		是否自己玩			是否有游戏伙伴		
		是否常看电视			喜欢的电视节目		
	日常行为表现	是否爱发脾气			是否过分活跃或安静		
	其他						

家庭闲暇活动	
家长与幼儿之间的关系、态度	
家长对幼儿的希望及对幼儿园的要求	

2. 积极宣传引导家长

农村幼儿园作为正规教育机构，教师作为专职教育者，要充分发挥主导作用，主动承担起宣传科学保教理念、指导和帮助家长实施科学育儿的责任，特别要注重通过多种方式向家长宣传国家的教育方针、学前教育政策和对幼儿实施科学保教的重要性，引导家长树立正确的教育观念。农村幼儿园将教育宗旨、工作制度、工作程序、服务项目等告知家长并征求意见，求得共识。同时，在了解幼儿家庭教育状况的基础上，农村幼儿园有针对性地宣传科学育儿知识，介绍科学育儿的方法，帮助家长提高家教水平。

3. 不断提高服务家长的质量

服务家长是农村幼儿园的双重任务之一。农村幼儿园要引导教职工树立并不断增强服务意识，摆正服务关系，积极开展家长工作，不断改进服务质量，以质量求生存，以服务求发展。

随着农村生活质量的不断提高，家长对学前教育的质量要求也在不断提高，农村幼儿园一定要在强化认识、注重沟通的基础上，通过各种方式主动了解家长的需要、愿望和要求、面临的困难和问题等，不断加强和改进家长工作。同时，农村幼儿园结合对自身条件的分析，要尽力挖掘内部潜力，为家长提供有效服务，如寒暑假照常收托和组织教育活动，农忙时节延长服务时间，经常去留守儿童家里家访等。

4. 积极争取家长的配合支持

农村幼儿园要积极、主动争取家长对工作的配合和支持，使家长了解农村幼儿园的工作情况、幼儿在园一日生活安排、教育计划与重点等，争取他们的理解、支持和积极配合，同时注意征求家长的意见和建议，不断改进工作，提高保教质量，为家长提供有效服务。农村幼儿园还应注重探索家长参与农村幼儿园教育和管理的有效方式，如建立家委会、实行园务公开、收集合理化建议等，使农村幼儿园工作获得支持和监督，动员和依靠家长，群策群力，共同办好农村幼儿园。

此外，农村幼儿园还要注意通过家长工作，密切与所在社区的联系，通过家长打开农村幼儿园与社区沟通和联系的渠道。

案 例

一天，在幼儿离园时，杨老师听见几位家长边走边说："人家别的幼儿园中班孩子都会算两位数的加减法了，怎么这里啥也不教呢？""是呀，别的幼儿园还教写字、拼音呢！""在这儿天天就是玩，孩子学不到什么！"杨老师听着这些话陷入了沉思……

随后，中三班举行了一次家长半日开放活动。杨老师利用幼儿和家长一起搜集来的各种酸奶瓶、易拉罐、纸盒、木板边角料等废旧材料，组织了"废旧材料变变变"的亲子制作活动。杨老师向家长提出一个要求："让孩子自己决定做什么、怎么做。家长要认真观察，同时思考两个问题：一是您认为在制作活动中，孩子能够学到什么？二是这个活动对您有什么启发？"

活动开始了，幼儿纷纷动手画图、设计自己的作品，然后挑选合适的材料和工具开始制作。家长们看到平时好动的幼儿现在专心致志制作，看到幼儿亲手制作的变废为宝的作品，如卡车、飞机、项链、衣服等，都流露出惊喜的表情。受到幼儿的感染，很多家长纷纷参与到活动中。

活动结束后，杨老师组织家长们开展了讨论。李蒙的爸爸说："平时孩子在家从不会帮大人干活，真没想到他还会主动帮别人剪飞机图形！"杨老师解释道："这样的活动可以为幼儿提供很多合作和交流的机会！"刘嘉欣的妈妈说："我们娘俩儿用这几个牙膏盒做房子时，嘉欣一边做一边数做了几层，还指着纸盒告诉我哪面是正方形，哪面是长方形，要我把正方形与正方形粘在一起！"杨老师说："这不就是在玩中学数学吗？玩是孩子的天性。对孩子来说，玩就是学习。幼儿园准备很多的积木、小扣子、小棍，让孩子玩娃娃家、开商店、银行，都是让他们在玩中实际感受和运用数学，这不是比直接数数、做算式更容易吗？幼儿园的教育不只是让孩子学知识，更重要的是培养孩子的学习兴趣、学习能力和良好的学习习惯，这些都是要通过玩来实现的。"家长们听了纷纷点头。小红的妈妈说："我原来不让孩子玩这些东西，他们偷着玩，我还骂他。敢情孩子在玩中还有这么大的学问哪！"……

最后，家长们一致认为这种活动回家也可以做，让幼儿既乐意玩，又会学到了好多东西。

摘自：王化敏. 给幼儿教师的一把钥匙——幼儿教师教育实践

策略指导 [M]. 北京：教育科学出版社，2008：158 – 159.

分 析

家长往往认为幼儿的玩不是学习，习惯把幼儿学多少知识作为评价农村幼儿园教育质量高低的主要标准，忽略幼儿的学习能力、学习习惯、性格、情绪情感等方面的发展。案例中，家长们对农村幼儿园不教算术、写字和拼音的讨论，就反映了他们对"什么样的学前教育是对的"缺乏正确认识。针对家长的错误认识，农村幼儿园和教师应该进一步做全面、深入的了解，在此基础上通过有针对性、生动的教育活动让家长认识和体会到正确的学前教育应该是什么样的。

案例中，杨老师发现家长认识上的误区后并没有当场进行说教，而是有针对性地设计、组织了家长半日开放活动，通过手工制作活动让家长亲眼看到幼儿的学习是在玩的过程中实现的，帮助家长直观、深刻地了解了幼儿的学习特点，产生纠正以往错误看法的愿望和行动。同时，家长也通过参与，亲身感受到幼儿在游戏中收获的快乐，这种方法比单纯的说教更容易被家长理解和接受。这样，家长工作既起到了对家长进行家庭教育指导的作用，又调动了家长参与农村幼儿园工作的积极性，较好地实现了农村幼儿园家长工作的目标。

当然，农村幼儿园想要通过一次活动来彻底转变家长的观念是不太可能的。家长要通过反复实践，才能真正将新获得的认识内化和吸收，这是长期的过程。为此，农村幼儿园和教师要鼓励家长，让幼儿在家中也进行玩中学的活动，定期组织家长之间进行交流分享，使正确的教育观念在家长头脑中不断得到巩固和提升。

提 示

家园合作主要包括两方面的内容。一是家长参与。农村幼儿园鼓励和引导家长直接或间接地参与到农村幼儿园教育中，同心协力培养幼儿。直接参与是指家长参与到农村幼儿园教育过程中，如共同商议教育计划、参与课程设置、深入讨论具体教育环节、主持教育活动等。间接参与是指家长为农村幼儿园提供人力、物力支持，或将有关意见反映给农村幼儿园和教师，而自己不参与农村幼儿园教育的各层次决策和活动。家长会、一般的家园联系等，大多属于这一类。二是帮助家长。农村幼儿园帮助家长树立正确的教育观念，强化"家长不仅是养育者，也是教育者"的意识，改善家长的教育行为、教育方法，优化家庭环境。

------------------------------- 延 伸 阅 读 -------------------------------

幼儿园家长工作的任务

1. 宣传国家的教育方针和本园、本班的教育任务。教师要积极、主动地向家长宣传国家的教育方针和本园、本班的教育任务，明确家庭教育的重要性及父母的职责，介绍一些学前教育学、学前心理学、学前卫生学的科学知识和经验，定期汇报幼儿在幼儿园的情况，以便家长在家庭教育工作中能与幼儿园配合一致。

2. 了解幼儿的特点和在家的表现。教师应通过家长了解幼儿的个性特点和他们在家里的行为表现、生活习惯、家庭成员对幼儿的期望、教育态度、奖惩方法及幼儿的发展水平等，以便从实际出发，有针对性地按照幼儿的特点进行教育。

3. 在幼儿园的教育中发挥家长的作用。家长是办好幼儿园的主要依靠力量，幼儿园要动员和发挥家长们的智慧才能，鼓励他们为办好幼儿园献策出力。

二、农村幼儿园家长工作的途径与方式

农村幼儿园在与幼儿家庭的交往过程中，一定要本着相互尊重和信任的原则，建立起双方平等合作的关系，积极开展好家长工作。农村幼儿园家长工作的途径和方式主要有个别和集体两种。个别方式包括家庭访问、家长联系本、电子邮件、短信或电话交流、接待家长咨询等。集体方式包括家长会、家长开放日、科学育儿讲座、专题座谈或教育经验交流会、各种类型的家长学校以及家长园地、宣传栏、展览台等。下面介绍几种主要方式。

（一）教师与家长之间的日常交流

这是农村幼儿园最普遍、最经常的家长工作形式，主要是教师利用家长早晚接送幼儿的短暂时间与家长接触，了解和介绍幼儿情况，相互沟通，提出建议等。

其中，家园联系卡运用比较普遍。教师为班级中每名幼儿建立家园联系卡，定期或随时与家长联系，互通信息，交换意见、建议，分享对幼儿情况的观察和了解，共同探讨个别教育的计划与措施。教师还可以结合其他形式，如电话、个别面谈及家访等，及时与家长沟通，增进联系。

表5－3　家园联系卡

幼儿姓名＿＿＿＿＿＿＿　　　　　　　　　　班级＿＿＿＿＿＿＿

幼儿在班一周表现	幼儿缺勤情况及原因
班级近期教育内容 及需要家庭配合的内容	家庭教育的问题与困难 及对教师的建议和要求
幼儿园或班级通知	
教师签名＿＿＿＿＿　日期＿＿＿＿＿	家长签名＿＿＿＿＿　日期＿＿＿＿＿

（二）　家长宣传页和家长宣传栏

家长工作应从家长送幼儿来园的第一天开始。农村幼儿园可以向每位家长发放家长宣传页或家长须知，这是向家长说明农村幼儿园教育理念与教育目标、争取对方认同并求得共识、树立农村幼儿园形象的好机会。家长宣传页的制作要本着节约的原则，采取折页的形式。内容是以简要文字说明农村幼儿园的保育教育措施以及要求家庭配合的内容，如幼儿园的工作时间和要求、帮助幼儿适应新环境的方法、配合农村幼儿园为幼儿准备好在园物品的清单、接送幼儿的注意事项、农村幼儿园的健康保健要求等。家长宣传页的内容要简洁，突出重点，必要时可以配一些插图，力求一目了然。

除了家长宣传页，农村幼儿园还可以以全园或班级为单位，开辟家长宣传栏，随时通知消息、信息，定期宣传科学育儿知识，开展家教经验交流，如向家长介绍农村幼儿园或班级课程计划、活动安排，同时结合各月重点并针对家教中存在的一些普遍性问题，宣传科学育儿知识和方法，介绍家教经验，对家庭亲子游戏活动提出建议。另外，家长宣传栏也可以有针对性地进行主题介绍。如有的农村幼儿园针对有关幼儿龋齿或肥胖等问题，在家长宣传栏开展宣传。

（三） 家访

农村幼儿园应要求教师有计划地对全体幼儿进行家访。家访一般安排在学期初或学期末，主要是了解幼儿的家庭环境和家庭教育状况，密切教师和家长之间的联系，在教育方法等方面给予具体建议，共同商量有针对性的个别教育对策。家访还能让教师了解幼儿在家中的表现等。

1. 对新入园或插班转学幼儿的家访

引导幼儿在入园前认识教师并与其建立初步感情，这样幼儿入园后才比较容易愿意离开家人，亲近教师，更快地适应农村幼儿园生活。教师要调查新入园幼儿在家中的生活习惯、兴趣和能力等，以便有计划、有步骤地引导幼儿适应集体生活。如果教师不能对每名幼儿进行家访，可根据幼儿体检表和家长登记材料，重点选择体力较弱、从未离开过家庭、家庭结构特殊的幼儿家庭先去访问，其余幼儿应在入园后一个月内尽快家访完毕。

2. 幼儿在园出现特殊问题时的家访

当幼儿偶然生病、发生意外事故或发现幼儿有严重行为问题时，必须立即进行家访。家访时，教师应向家长详细介绍事情的经过，以亲切负责的态度安抚家长的情绪。向家长谈到幼儿的过失或缺点时，教师也要先肯定幼儿的优点，然后与家长共同讨论，寻求解决问题的办法。

3. 幼儿有显著进步时的家访

在家庭教育有改进、幼儿有显著进步时，教师应通过家访帮助家长总结经验，加以推广。

4. 幼儿家庭发生变故或幼儿长期缺勤时的家访

当幼儿家庭发生了重大变故且需要给予安慰和协助时，或幼儿长期缺席时，也需要家访以了解原因。

5. 家长教育幼儿行为有问题时的家访

家长忽视子女教育、方法不当或教养态度有严重问题时，需要给予帮助，促使其改进。这时，教师也要适时地进行家访。家访事先应有简略的计划，选择适当的时间。家访中要让幼儿在场并参加谈话，观察幼儿在家中的表现和家长对幼儿的态度，有时也可让幼儿离开，以便和家长认真谈论幼儿的优缺点，研究分析改进措施等。

教师对家长谈话应作简要记录，若当面记录会影响家长谈话效果，可等回园后再追记。经常性的家访可作为保教工作的参考，有利于提高保教工作的质量。

（四）家长会

家长会是一种重要的家长工作形式，可以在全园召开或以班级为单位召开，必要时可将两者结合进行。

班级家长会是家长增强自主参与意识、和教师一起做好工作的经常而有效的方式。开会时，可陈列有关家庭教育的书籍、报刊、资料，介绍本班的玩具、教具，展出幼儿的绘画、手工等作品等。期末，教师也可通过班级家长会做保教工作小结，介绍每名幼儿取得的进步，提出下一学期应重视解决的问题。

全园家长会的任务是全体家长共同探讨农村幼儿园建设和家庭教育的规律，讨论农村幼儿园的规章制度、发展规划以及家长学校的开办等。全园家长会由园长与家长委员、教师代表共同筹划举行，每年召开两至三次。

农村幼儿园除了通过家长会制订家园工作计划、沟通幼儿在园情况之外，还可以通过家长会有针对性地征求家长对农村幼儿园某项工作的意见，了解他们的需要与要求，改进服务，如帮助家长了解农村幼儿园、班级面临的实际问题与困难，取得家长的理解、协助和支持。

（五）　家长开放日

农村幼儿园应定期或不定期举办家长开放日活动，请家长来园或来班观看、参加活动，如"六一"活动、新年联欢会，还可以请家长参加班上幼儿的集体生日庆祝活动或者春季、秋季亲子运动会等。家长开放日可以让家长直观地了解农村幼儿园的教育内容和方法，直接看到幼儿的在园表现，了解教师的工作情况。家长来园观摩并参与活动，能够增进其与教师的相互理解，从而为农村幼儿园教育工作的顺利开展奠定共同合作基础。同时，家长开放日也能够扩大幼儿与社区的接触面，为他们认识更多人、事、物提供了机会和条件。

除了让家长来园参加活动外，农村幼儿园还可以根据本地区的地理环境特点，在确保安全的前提下，组织爬山、游览水库、观赏本地特色植物等亲子集体出游活动。

（六）　家长参与

家长参与就是让家长参与农村幼儿园的教育教学活动，充当家长助教。这种家长工作形式不仅可以密切农村幼儿园与家长之间的关系，还可以使教师与参加活动的其他幼儿家长多接触，相互交流教养幼儿的知识经验，加深对彼此的了解。当然，家长参与的最重要目的在于家园协作形成教育合力，共同促进幼儿成长。

农村幼儿园可以请家长定期担任助教，参与园里和班里的教育活动；

也可以请家长就自己的专长，在某一特定时间协助做相应工作，如维修设备、制作教具、摄影摄像等；也可以根据教育活动的需要，请某位有专长的家长做介绍和展示，如农村幼儿园正在开展有关剪纸的民俗活动，可以请镇上或村里的老艺人来园给幼儿现场展示、讲解。

农村幼儿园可以在开学初向家长发放问卷，征求他们参与农村幼儿园工作的意向，问卷回收后，将愿意参加活动的家长名单列出，然后将他们组织起来，协助农村幼儿园做好相应工作。

表5-4　家长参与活动意向调查表

参与项目	最合适的时间
担任保教工作助理	
为幼儿拍照或录像	
修理玩具设备	
集体出游时协助照顾幼儿	
为集体出游提供交通工具	
帮助制作玩教具	
帮助整理图书	
和幼儿一起从事园艺活动	
带领幼儿烹饪	
为幼儿演奏乐器	
帮助编辑园刊	
帮助筹备家长委员会	
其他（请注明）：	

说明：如果家长或主要抚养人不识字，教师询问家长或主要抚养人意见后可代为填写。

（七） 家长委员会和家长学校

《幼儿园工作规程》第八章"幼儿园、家庭和社区"的第五十条指出："幼儿园应成立家长委员会。"通过建立家长委员会，农村幼儿园能发挥家长之间的相互影响作用，调动广大家长参与的积极性。

家长委员会通常从家长中选派代表组成。作为农村幼儿园与家长联系的桥梁，家长委员会一方面可以及时反映家长对农村幼儿园工作的意见和建议，另一方面可以协调家长之间以及家长与农村幼儿园之间的关系，协助农村幼儿园做好家长工作。作为民主参与农村幼儿园管理的组织，家长委员会可以较好地发挥家长作为重要教育力量和教育资源的作用，配合参与农村幼儿园的教育与管理，帮助改进农村幼儿园的工作。

通常，农村幼儿园应建立全园家长委员会。在全园家长委员会下，农村幼儿园还可以按班级设立班级家长委员会，负责班级家长联系工作。家长委员会要与农村幼儿园共同商议工作计划，监督检查执行情况，参与农村幼儿园的保教和管理工作。家长委员会还可以通过参加伙委会、卫委会等组织，对园内各项具体工作发表意见和建议，发挥协助和监督作用。

除了建立家长委员会，农村幼儿园还可以根据需要开办家长学校，帮助家长学习科学育儿知识，开展家教咨询和家长培训等。可以按幼儿年龄将家长分班，或是根据家长类型分班，针对不同教育对象或教育者的特点分别进行培训。家长学校可以系统地向家长传授科学育儿知识，解答家庭教育中存在的问题，或是根据家长的要求以及家教中的误区举办专题讲座，也可以组织家长就共同关心或感兴趣的问题进行交流研讨。家长学校的对象不只是在园幼儿的家长，还可以扩大到社区（乡镇、村）内未入园幼儿的家长。

总之，农村幼儿园开展家长工作的途径和方式是多种多样的，重要的是要根据不同家长的特点和需求，从农村幼儿园自身条件出发，有针对性地开展家长工作，不断总结经验，提高家长工作的效果。

案例

现在，城里人到山村吃农家饭成了一种时尚，可山村的好多人却什么都要换成钱，去买城里人吃的、用的东西。大班的张庆家更是如此，家里自产的各种水果、栗子、核桃甚至鸡蛋都全部换成钱，给张庆买方便面、罐头和汽水。教师告诉家长，让幼儿少吃这些食品，张庆的妈妈却说："咱就这么一个宝贝儿子，要吃什么我可舍得花钱，不能亏着他。"年底卫生所的医生来做体检，结果张庆体重不足，血色素低。班上其他幼儿家庭也存在这样的问题。

针对这种情况，大班教师专门组织家长开展了专题座谈会，还邀请了乡卫生院的医生参加。大家一起讨论："为什么城里人总是到山里来休闲？""山区哪些东西有营养？""我们生活条件跟城里比存在什么优势？"……甜甜的妈妈说："我大姨在城里住，她说其实很羡慕我们山里人，随时可吃到自家产的新鲜水果、蔬菜和鸡蛋。城里这些东西都卖得很贵的。"卫生院的医生告诉大家："补充人体所需的微量元素，农村有得天独厚的好条件。我们家里种的蔬菜、水果不含添加剂、防腐剂和色素，每天食用的都是绿色食品，而经过加工的食品就不如我们农村里的新鲜。"

讨论结束后，教师组织家长和幼儿一起开展了"蔬菜水果好朋友"的活动，比赛看谁能把自家的水果、蔬菜做成幼儿喜欢吃的各种花样食品，如将水果擦成丝，挤成汁；将水果晒成果脯，熬成果酱……医生还给家长讲解了平衡营养和食品搭配的科学知识。活动结束后，很多家长都在琢磨怎么把自家的五谷杂粮、蔬菜、豆制品精心制成各种好看又好吃的食品，也开始重视幼儿早餐的营养搭配问题了。

摘自：王化敏. 给幼儿教师的一把钥匙——幼儿教师教育实践
策略指导 [M]. 北京：教育科学出版社，2008：248.

分析

农村幼儿园家长工作的途径与方式很多，要根据实际遇到的问题加以选用。案例中，家长对于食品营养的认识存在一定的误区，大班教师在发现这一共性问题后，通过专题座谈会的形式，引导家长了解"吃什么有营养"，请乡卫生院的医生给予解答，澄清了家长在认识上的误区，帮助家长认识和了解了农村自产食品的营养价值。而且，教师通过让家长和幼儿一起参加"蔬菜水果好朋友"的活动，引导家长学习做饭菜的新花样，帮助家长明白只要科学安排饮食，只用家里的自产食品也能很好地保证幼儿的营养。活动后，家长们纷纷尝试变换做饭菜的花样，重视幼儿早餐的营养，专题座谈会取得了很好的效果。

提示

农村幼儿园家长工作管理应注意的几个问题。

1. 加强计划性。农村幼儿园要把家长工作纳入园务计划并进行全面统筹安排，通过保教工作视导，督促、检查班级保教计划中家长工作的计划和执行情况。

2. 制度化管理。农村幼儿园要重视家长工作制度化的建设，包括日常性家园联系制度、家访制度、全园家长会和班级家长会制度、家长开放日制度、家长委员会制度等，以条款形式把工作要求固定下来，形成规范。制度中要明确规定家长工作的内容、目的和要求，落实有关负责人并确定工作时限。

3. 重视培训指导。园长要特别重视对教师的指导，引导他们认识到家长工作的意义，把家长工作作为教师工作的重要职责和评价内容，帮助和指导教师根据不同家长的特点采取适宜的家长工作方式。园长也要亲自做一些家长工作。

对未入园幼儿及家长提供学前教育服务

自 2001 年起，教育部与联合国儿童基金会合作开展了"早期儿童养育与发展"项目研究。多年的研究结果表明，家长在早期教育中的作用已经越来越受到农村幼儿园的重视，这也是建立依托社区的早期教育模式的基础。调查发现，在能够对未入园幼儿及其家长提供服务的农村幼儿园中，定期组织亲子活动的占 40.6%，节假日开放场地、玩具器械的占 20.6%，提供临时收托服务的占 18.3%。另外，还有 12.6% 的农村幼儿园开设了农忙季节班。以上这些都反映了农村幼儿园教育服务的因地因时性。

第二节
农村幼儿园社区工作管理

社区是指聚居在一定地域范围内的人们所组成的社会生活共同体。农村社区主要是指乡镇、村。社区是农村幼儿园生存和发展的基本社会环境。它为农村幼儿园的发展提供条件和资源，农村幼儿园教育的发展又能够直接满足社区需要并促进其发展。因此，农村幼儿园要实施有效管理，就必须重视加强其与所在社区的联系。

一、农村幼儿园社区工作的目标与内容

（一）农村幼儿园社区工作的目标

《幼儿园工作规程》第八章"幼儿园、家庭和社区"的第五十一条规

定："幼儿园应密切同社区的联系与合作，宣传幼儿教育的知识，支持社区开展有益的文化教育活动，争取社区支持和参与幼儿园建设。"《幼儿园教育指导纲要（试行）》总则第三条规定："幼儿园应与家庭、社区密切合作，与小学相互衔接，综合利用各种教育资源，共同为幼儿的发展创造良好的条件。"这些政策规定，体现了国家对加强幼儿园社区工作的要求。

农村幼儿园社区工作的目标，就是要在农村幼儿园与所在社区之间建立起双向互动、相互服务的积极关系，最大限度地争取社区对农村幼儿园各项工作的支持，同时努力为社区提供高质量的学前教育服务。

农村幼儿园应考虑所处社区的环境以及有着共同利益关系的社区公众的需要，加强对外沟通，主动协调，在农村幼儿园与所在社区之间建立相互理解、相互信任、支持合作的关系，为农村幼儿园的生存和运转创造良好的条件，使农村幼儿园获得持续、健康、快速发展，带动整个社区文化和文明水平的提升。

（二） 农村幼儿园社区工作的内容

根据工作目标，农村幼儿园社区工作主要应做好以下两方面的工作。

1. 挖掘社区资源，争取社区公众对农村幼儿园教育的支持和参与

农村幼儿园应密切与所在乡镇、村和其他社会组织的联系，充分挖掘和利用社区的教育、卫生、文化等资源，为农村幼儿园的发展提供良好的环境和条件，争取多方面力量的支持。农村幼儿园应注意争取广大家长及社区各方面人力、物力、财力、智力等的支持与帮助，努力办好农村幼儿园，提高保教质量，为家长和社会提供更好的服务。

2. 积极主动为社区提供有效服务

农村幼儿园作为农村的一部分，既依赖于农村的支持，同时又要服务农村，特别是为所在社区服务，满足其教育需求。以往对前者强调得多，

主要是从教育系统自身需要出发，限于社会对其的单向援助、服务。如果农村幼儿园现在囿于封闭体系中，不仅不利于自身发展，也无法实现农村幼儿园应担负的服务社会的功能。

农村幼儿园应了解所在社区与社区公众对学前教育的期望与需求，研究分析社区特点与优势，因地制宜，因势利导，发掘和利用自身有利条件，主动为社区服务，从而实现农村幼儿园与社区的双向互动、双向服务、相互促进和协调发展。

案例

×××镇中心幼儿园第一学期社区工作计划

在总结上学年社区工作所取得的成绩及不足的基础上，本学年将进一步加强对社区工作的重视。现制订本学期社区工作计划。

一、目标

本学期，我园将在社区工作上加大力度。结合我园的实际情况和社区工作的开展情况，围绕创建教育品牌以及"创强"的中心工作，根据我园本学期工作亮点"环境教育、学校民主管理、安全教育、安全工作管理"等开展社区宣传活动，共同推进幼儿园、家庭、社区一体化发展。

二、内容

1. 进一步挖掘社区资源，综合利用家庭、社区资源，结合我园打造教育品牌的中心任务，开展丰富多样的"走出校园、走进社区"的教育宣传活动。

2. 进一步完善社区工作制度、组织机构、资料，总结反思我园社区工作经验，为进一步拓展我园的社区工作打好基础。

3. 开展社区活动要突显我园的教育教学特色以及本学期的工作亮点"环境教育、学校民主管理、安全教育、安全工作管理"。

*9月：访问村居委会。

*10月：庆"国庆"社区联欢会；半日活动开放。

＊11月：走进社区活动；本土文化教育活动；幼儿园—社区活动。

＊12月：安全活动；参观农贸市场活动。

＊1月：庆"元旦"社区活动；交通安全活动。

分析

农村幼儿园社区工作的目标，就是要在农村幼儿园与所在社区之间建立起双向互动、相互服务的积极关系，最大限度地争取社区对农村幼儿园各项工作的支持，同时努力为社区提供高质量的学前教育服务。

从该园社区工作的目标和内容看，该园主要是围绕保教工作这一中心，结合园内正在开展的各种主题教育活动开展社区活动。可以看出，该园社区工作重点是争取社区对农村幼儿园工作的支持。

需要强调的是，对社区工作目标和内容的描述只能起到为农村幼儿园社区工作明确方向的作用。要真正实现农村幼儿园与社区的一体化，必须在社区工作目标和内容的基础上制订更为详细、具体的工作计划，写清楚社区工作的具体措施、可能遇到的问题、打算采用的解决策略等。只有这样，才能使农村幼儿园社区工作真正落到实处。

提示

社区学前教育是地区经济、文化、教育事业发展的产物。它具有地域性、实用性、综合性和双向性等特点。其中，双向性特点是农村幼儿园在社区工作管理实践中应重点加以贯彻落实的。

所谓双向性，就是要求农村幼儿园的社区工作同时做好"请进来"和"走出去"两项工作，完成好吸引社区参与和努力服务社区两大任务。农村幼儿园要适应社区建设的需要和变化，经常听取家长和当地群众代表的意见，增强为社区服务的意识，努力配合社区，协办文娱、体育活动，向全社区群众进行科学育儿知识宣传。社区管理人员要从人力、物力、制度等各方面尽力督导与支持农村幼儿园的工作，帮助提高教育质量，努力推进整个社区学前教育事业的健康发展。

-------------------- 延 伸 阅 读 --------------------

"早期儿童养育与发展"项目目标

2001—2010年，教育部与联合国儿童基金会合作开展"早期儿童养育与发展"项目研究。项目的总目标是探索建立以社区为依托，社区、家庭和幼教机构共同建构，正规与非正规形式相结合，满足家长不同需要的社区早期教育服务网络和运行机制，为城、乡、社区范围内0—6岁的每名幼儿提供适宜的早期教育机会，为每名家长提供多样化、综合性、可选择的参与机会，获得科学育儿的指导和帮助。

根据以上总目标，项目还强调了几个基本目标。

1. 为每名幼儿提供均等的受教育机会，让家长享有参与教育并从中受益的权利。

2. 建立充分利用本地资源发展学前教育的信念，实现教育资源的合理开发、配置和充分利用。

3. 改善社区学前儿童的发展和整体环境，以新的教育观念推动家庭和社区的精神文明生活的改善和文明程度的提高，为幼儿发展提供具有长久效益的良好环境。

二、农村幼儿园社区工作的策略与方法

围绕社区工作的两大任务，农村幼儿园社区工作的开展主要从以下两方面入手。

（一） 开发利用社区资源， 争取社区对农村幼儿园工作的支持

1. 吸收利用社区人力、智力资源

社区中蕴藏着丰富的人才资源，如医护人员、已退休的老劳模等，他们很爱幼儿，乐意参加农村幼儿园的教育活动。因此，农村幼儿园可以吸收这些热心学前教育事业或学有专长的家长和社区人士到园，发挥他们的特长，协助教师组织活动、传授专门的知识技能等，这种方式对于扩大幼儿的社会接触面很有好处。农村幼儿园还可以发挥退休教师的余热，让他们从事农村幼儿园的保教指导工作，现场培训年轻保教人员或者为家长举办培训班，宣传科学育儿的知识方法。

2. 挖掘利用社区物力资源

乡镇企业或村委会常常会有一些闲置的剩余物资、边角料、废旧物品等，农村幼儿园可以把它们收集起来，在符合卫生和安全要求的前提下，变废为宝，作为幼儿的活动材料。空间场地窄小的农村幼儿园，可以充分利用广阔的田野、丰富的乡土材料等作为教学资源。

农村幼儿园应和所在社区的部队、邮局、小学等建立良好的合作关系，定期开展协同教育活动。有条件的农村幼儿园也可以将所在社区的公共设施，如广场、公园、儿童乐园等，加以利用，开展各种户外活动。

3. 积极争取社区公众的参与支持

社区为农村幼儿园提供生源，提供人力、物力，有权对农村幼儿园的工作发表意见、参与管理和进行评价监督。园长应主动吸收社区成员参与管理，注意发挥家长委员会和乡镇教委（教育办公室）的作用，定期向家长及社区通报工作情况，汇报取得的成绩与存在的问题或不足，听取社区公众的意见、建议，与社区共同规划农村幼儿园的发展前景，研究计划采取的措施。社会公众参与管理，一方面可以发挥教育力量和资源作用，另

一方面也可以对农村幼儿园形成一定的外部压力，促使农村幼儿园坚持正确的办园方向，增强服务意识，调整和改进农村幼儿园的工作，不断提高教育质量与管理成效。

（二） 积极服务社区， 为社区提供高质量的服务

1. 努力为社区提供多样化的服务

农村幼儿园是保教幼儿的机构，首先必须优质高效地完成教育任务，促进幼儿身心全面和谐发展，同时要根据本园实际，尽可能满足家长多样化的需求，为家长服好务，如在招生时间上，为家长提供便利；对在园时间有特殊需要的家长，提供提前入园或延迟离园等灵活多样的服务。

2. 实现农村幼儿园教育资源的社区共享

农村幼儿园所能利用的教育资源是社区共有资产，是取自于社会的，特别是社区的，自然也应用于社区。园长要破除"部门所有"观念，开放办园，实现资源共享，更好地发挥社会效用。农村幼儿园的房舍、场地、教育设施设备等在保证正常教育的前提下，可以对社区开放，为社区内适龄未能入园的幼儿和他们的家长提供一定的教育服务，如适当开放场地、材料，开展周末开放日，吸引未入园幼儿和家长来园活动；开展玩具、图书借阅等活动；开办家长学校、家教辅导班等。农村幼儿园的场地在周末、晚间等时段，还可用于社区文化教育活动，如搞社区文娱体育活动或办夜校、职业培训班等。开展这类活动应注重管理，建立制度，有相应的卫生安全措施。

3. 积极协调，大力宣传，发挥文明辐射作用

农村幼儿园作为专门的学前教育机构，还承担着宣传科学保教的责任。农村幼儿园要把向所在社区及公众宣传党和国家的教育方针、进行正确教育思想观点的指导和影响、传授科学育儿知识作为自己服务社区的重

要任务。

农村幼儿园要重视发挥正规教育的主导作用，影响家长乃至社区公众的教育观念和行为，树立儿童优先、尊重儿童的公民意识，在全社会逐步形成正确的学前教育质量观、价值观。农村幼儿园作为农村学前教育的主阵地，一定要向所在社区和社会宣传科学保教理念，对国家政策进行宣传和讲解，动员广大的社区和社会力量关心、支持学前教育的发展，如利用当地的集市活动进行宣传，将科学保教知识编成当地民谣或戏曲进行宣传等。

农村幼儿园要提高人员素质，加强园风建设，在社区和公众中树立良好形象，发挥社区精神文明阵地的影响作用，为创设良好的社区公共环境做出应有的贡献，这也是教育机构在社会公关活动中发挥主导作用的一种体现。

在做好宣传工作的同时，农村幼儿园还要做好对外协调工作，处理好农村幼儿园与其他社会机构、组织的关系，主动适应外部环境，不断提高管理成效。园长和广大教职工要积极参与社区公共事务，如参加社区的服务性机构和工作，参加教师家长联席会、家长咨询委员会及社区教育委员会等组织，与社区及公众建立并保持长期持续不断的联系，加强相互沟通了解，逐步培养起相互之间信任和配合协作的良好关系，共同搞好社区学前教育工作。对社区一些公益活动，如社区环境地段卫生、社区植树绿化、社区交通安全及社会治安等，农村幼儿园一定要积极配合，主动参与。

总之，农村幼儿园存在于社区中，必然会受到社区经济、政治、文化等影响。其中，社区的人文环境，特别是生态环境、邻里关系、社区成员的文化素养，直接或间接影响农村幼儿园教师、幼儿的身心健康。因此，农村幼儿园必须和社区教育力量拧成一股绳，全方位、多渠道地影响幼儿的健康成长。

案 例

幼儿每天来园时，如果看见路边有空的饮料罐就会捡起来，这是幼儿园环保教育活动的倡议内容。教室后面的墙上贴有一张简单的图表，幼儿在哪里捡的空罐，就在图表上标示的那个场所的直线上画一个圆圈。每个周末，幼儿很认真地数出每个地方的空罐数并写在最后一个圆圈的边上。每个月末，教师提醒幼儿把几周的数字统计一下，写在每个场所的标志下面，然后把它存放起来，再画一张新的空白表贴在墙上供下月记录。这一切都是幼儿在活动区完成的，它是幼儿感兴趣的活动。

学期末，教师指导幼儿把几张表的统计情况进行总结："哪个地方捡到的空罐最多？"幼儿一下子叫起来，幼儿园前面的十字路口画的圆圈最多。一场自发的讨论开始了，幼儿七嘴八舌地发表自己的见解，分析原因。教师提示幼儿，我们能想个什么办法解决这个问题呢？讨论结果是在十字路口增设一个空罐收集箱。于是，幼儿口述，教师记录，给街道负责人写了一封信。在教师的积极策划、联系下，幼儿的想法变成了现实。街道负责人来到幼儿园感谢幼儿，夸奖他们提出了"有根据"的建议。

每次当幼儿看到那个空罐收集箱时，他们总是很得意地说："这个箱子是我们让放在这儿的。"

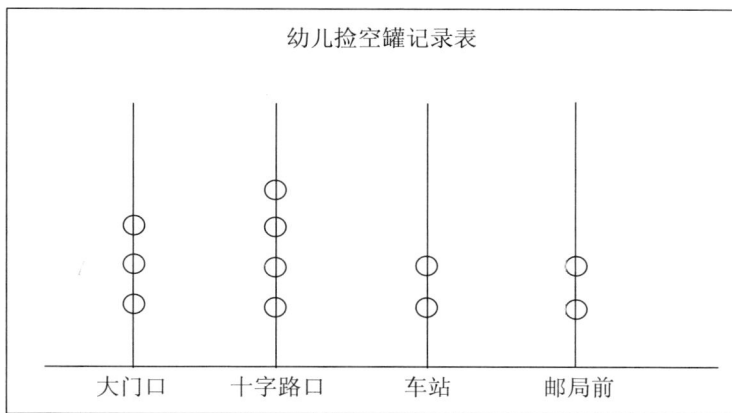

幼儿捡空罐记录表

大门口　　十字路口　　车站　　邮局前

摘自：李季湄，肖湘宁. 幼儿园教育［M］. 北京：北京师范大学出版社，1997：118－119.

分析

　　首先，农村幼儿园与社区结合并不是要求农村幼儿园一定要在本职工作之外去搞大型活动，参与社区活动也不一定是增加教师与幼儿的额外负担，农村幼儿园完全能将与社区结合的活动纳入到自己的教育内容中。

　　其次，与社区结合的活动一旦深入到农村幼儿园教育中，将大大扩展教育的深度和广度。上述活动在增强幼儿对周围环境的责任感的同时，十分显著地贯穿了教育的主线。以幼儿能够理解的方式，让幼儿体验研究的全过程，会极大发展幼儿从日常生活中发现问题、解决问题的能力。

　　最后，是否能开展与社区结合的活动，社区环境与条件的影响作用不是主要的，关键是看教师能否敏锐地抓住问题，从中发现有价值的问题或现象并有效地加以利用。

提示

　　目前，农村幼儿园社区工作开展的主要问题是流于形式化，教育效果不理想。社区工作的开展要么打乱了农村幼儿园的生活常规，加重了教师和幼儿的负担；要么将与社区工作和农村幼儿园教育活动分离，不能有效地利用社区环境来深化农村幼儿园教育。因此，农村幼儿园如何做好社区工作，是需要实践尝试并且认真思考的重要问题。

　　从现有的经验来看，有一条经验是特别值得学习的，那就是不追求表面形式，而注意将社区工作与农村幼儿园教育活动有机结合起来，把它变为农村幼儿园教育活动的组成部分，这样就可以使社区工作和农村幼儿园教育活动实现有机结合，既不破坏农村幼儿园自身的生活常规、教育规律，又能取得很好的教育效果和社会效益。

-------------------- 延 伸 阅 读 --------------------

多形式做好幼儿园社区工作

幼儿园要依靠社区、服务社区，采取多种措施，做好社区工作。以下工作方式可供参考。

1. 建立定期联系制度。幼儿园应定期向社区领导汇报托幼机构发展的经验与问题，主动提出托幼机构参与社区精神文明建设的活动计划，如绿化美化环境、协助社区开展群众性的文体活动、宣传慰问活动等，争取社区领导的支持，积极反映群众需要，如要求社区改善幼儿的公共活动环境与条件，扩大运动场地，丰富美工室、阅览室，开展亲子活动等。

2. 因地制宜，发动专业力量，指导非正规学前教育活动。利用幼儿园的场所、设备和有经验的教师，辅导社区内的家庭活动站、亲子游戏小组的活动，吸收散居的2—6岁幼儿和家长在双休日来园活动。

-------------------- 思 ------ 考 --------------------

1. 农村幼儿园家长工作的目标是什么？
2. 农村幼儿园社区工作的策略是什么？

第六章
农村幼儿园领导者

农村幼儿园的领导者，即园长，是管理的主体，在管理过程中处于主导地位。园长领导职能的发挥，主要体现在能否调动教职工的积极性上。园长一方面要为组织确立发展方向，为教职工的工作、学习营造条件、提供服务，另一方面要为教师做出行为示范，影响、激励和带动教职工去实现农村幼儿园的共同目标。

第一节
农村幼儿园园长的任职资格、角色定位与素质要求

一、农村幼儿园园长的任职资格与角色定位

（一）农村幼儿园园长的任职资格

《全国幼儿园园长任职资格、职责和岗位要求（试行）》根据我国学前教育的发展需要，对幼儿园园长应具备的素质要求进行了规定，同时为

幼儿园园长的选拔、任用和考核提供了依据。该规定也适用于农村幼儿园园长的任用。园长任职资格如下。

1. 拥护中国共产党的领导，热爱社会主义祖国，认真贯彻国家的教育方针。热爱幼儿教育事业。

2. 示范性幼儿园和乡镇中心幼儿园园长应具备幼儿师范学校（含职业学校幼教专业）毕业及其以上学历，有五年以上幼儿教育工作经历，并具有小学、幼儿园高级教师职务。其他幼儿园园长应具备幼儿师范学校（含职业学校幼教专业）毕业及以上学历或高中毕业并获得幼儿园教师专业考试合格证书，有一定的幼儿教育工作经历，并具有小学、幼儿园一级教师职务。

3. 获得幼儿园园长岗位培训合格证书。

4. 身体健康，能胜任工作。

2015 年，教育部印发的《幼儿园园长专业标准》是制定幼儿园园长任职资格标准、培训课程标准、考核评价标准的重要依据。在此基础上，尤其是在重点发展农村学前教育的背景下，各级教育行政部门和教研培训机构要对农村幼儿园园长进行管理和多方面培训，提高园长的教育管理水平。

（二） 农村幼儿园园长的角色定位

农村幼儿园园长角色具有多重性，但最重要的角色是全园工作的领导者，因为园长是履行领导职能、办好幼儿园的关键。具体来说，农村幼儿园园长角色及其在农村幼儿园管理中的地位主要表现在以下方面。

1. 园长是农村幼儿园的行政负责人，是行使管理职能、办好农村幼儿园的关键

我国幼儿园实行园长负责制。园长既是农村幼儿园的行政负责人，也是农村幼儿园的法人代表。园长对内全面领导保育、教育和行政工作，向

全体教职工、幼儿负责；对外代表农村幼儿园，向举办者、幼儿家长和所在社区负责。

首先，园长是农村幼儿园的法人代表。园长必须增强法制观念，提高对依法办园、治园意义的认识，有效运用法律手段管理农村幼儿园，依法维护农村幼儿园和师生的合法权益，办好农村幼儿园。

其次，园长是农村幼儿园的主要行政领导者，对农村幼儿园工作全面负责。按照规定，园长由举办者任命或聘任。非地方人民政府设置的幼儿园的园长应报教育行政部门备案。经任命或聘任的园长，依法行使行政决策权、指挥权、人事管理权和财务管理权等。

2. 园长是农村幼儿园工作的带头人，要发挥好领导作用

从实现农村幼儿园任务来看，领导者和教职工都要有积极性，但教职工的积极性取决于领导者的管理水平。

园长是农村幼儿园管理的主体，在管理过程中处于主导地位。园长能否发挥领导职能、其领导主体作用如何，体现在能否调动教职工的积极性上。一方面，园长要为组织确立发展方向，为教职工的工作、学习创设良好的条件。另一方面，园长要为教职工做出行为表率，应该成为教职工的教师，以自身的人格力量影响、激励和带动教职工，共同实现农村幼儿园的教育目标。

案例

一天，王君的妈妈匆匆来到办公室，脸色阴沉，她将手里拿着的信放到桌上说："园长，我想向您反映点情况，今天我着急出差，便把事情写到了信里，咱们电话再联系吧。"没等园长说话，她已经转身出去了。园长连忙把信拆开，从头到尾看完。原来，大班幼儿 8 月份毕业后就不能再来园了。王君家没有人照看他，副园长同意他在原来的班上再待一个月（当时教师正轮流放暑假）。可是，自从王君留班，教师总给幼儿脸色看。

昨天，王君睡觉时跟小朋友说话，教师批评了他，还说："毕业了还不走，总给班里惹麻烦。"幼儿现在说什么都不来幼儿园了。家长说："我们多待一个月，费用一分不少交，为什么这样对待我的孩子？我要找一个说理的地方。"看了这封信后，园长找来了王君班的教师，向其讲解了幼儿园的双重任务，批评了她的做法，帮助教师认识到自己的错误。之后，园长和教师一起向王君的妈妈道了歉。

摘自：张燕. 幼儿园管理 ［M］. 北京：人民教育出版社，2008：299.

🔍 分 析

园长是农村幼儿园的行政负责人，是行使管理职能、办好农村幼儿园的关键。当家长对农村幼儿园工作有意见时，园长有责任出面协调，通过有效沟通加以解决。

案例中，王君妈妈的意见反映出教师对幼儿园双重任务的认识不足。幼儿毕业离园，虽看起来与幼儿园已没有关系，但根据我国学前教育的性质和任务，服务家长仍是幼儿园工作的主要任务。王君留班得到副园长的同意，幼儿园应一如既往地照顾好他。园长在了解事情经过后，根据发现的问题向教师讲解幼儿园的双重任务，帮助教师认识到自己的错误。最终，园长和教师一起向王君妈妈道了歉，较好地维护了幼儿园的形象。

🔍 提 示

作为农村幼儿园的最高领导者，园长应清楚了解和定位自己的角色，增强角色意识，履行好角色应发挥的职能。具体来说，园长应扮演好这样几种角色。一是园所文化建设的引导者。园长要形成和提炼农村幼儿园的核心价值观，把握农村幼儿园文化建设的路线，构建和谐的人际环境。二是教师专业发展的推进者。园长要激发教师专业发展的动机，为教师专业发展搭建平台。 三是课程实施的领导者。 课程领导力在很大程度上反映了园长的领导水平，园长要努力推进园本课程的建设和发展。 四是教育资源的经营者。 园长要努力挖掘本园优势，及时更新教育资源。 五是全心全意的服务者。 园长要积极为教职工、幼儿和家长服务。 六是左右逢源的协调者。 园长要协调农村幼儿园与家庭、社区的关系，协调教师和幼儿、教师之间的关系。 七是孜孜以求的学习者。 园长要加强自身学习，不断提高自身素质。 八是公正公平的监督者。 园长要加强对保教工作质量和规章制度执行的监督。

------------------------- 延·伸·阅·读 -------------------------

天津市幼儿园园长培训项目实施方案（节选）

为全面提升园长的政治素养、知识素养、能力素养，以进一步提升园长的创新能力和现代管理水平为重点，2010—2015 年，天津市面向全市 16 个区县的各类幼儿园园长实施培训。培训内容包括四个模块。

1. 理论模块。

（1）解读《国家中长期教育改革和发展规划纲要（2010—2020 年)》和《天津市中长期教育改革和发展规划纲要（2010—2020 年)》；（2）学习国家关于教育发展的法律、法规和政策；（3）学习领导科学及园长自身素养与人文修养相关知识；（4）学习幼儿园特色建设与发展理论；（5）了解中外学前教育比较相关知识。

2. 研究模块。

（1）当前学前教育的热点、难点、重点等突出问题的研究；（2）园所文化与特色建设，教师队伍的管理、教育、培训，课程开发与管理等规律性问题的研究；（3）促进幼儿的健康成长、良好环境创设和安全等专题性问题的研究；（4）幼儿园与社会、社区、家庭和谐共建。

3. 实践模块。

（1）园本自修实践，园长结合本园实际，研究解决管理与教学实践中的重点、难点问题；（2）园所交流研讨，参训园长组成若干研究团队，团队成员分别提供本幼儿园为研究团队的实践园所，按预定计划安排，参训园长进行挂职锻炼、顶岗或轮岗实践；（3）在幼儿园园长培训实践基地进行课题或项目实践研究；（4）组织园长分批赴学前教育发达的地区和国家进行考察、学访。

4. 深度培训模块。

从参加培训的全体幼儿园园长中择优推选出 50 名整体素质高、学习成绩显著的优秀园长，进行深度培训：（1）实施异地挂职顶岗锻炼，延伸学习三个月；（2）对幼儿园园长优秀研究成果，向全市及全国推广交流；（3）成果发表，帮助取得研究成果的园长总结经验，在核心学术期刊发表学术论文及研究成果；（4）支持并资助国家级科研课题或研究项目的立项、申报、实施、估题和经验推广。

二、农村幼儿园园长的素质要求

园长的素质是指农村幼儿园园长自身应具有的基本条件和内在特征。园长素质关系到组织管理和领导的成败。

一般来说，园长素质包含德、才两个方面。德指人格修养、思想作风，是园长的首要标准和条件，也是决定其才干增长和发挥的方向和动力。才是指知识技能和领导能力，园长必须成为管理农村幼儿园的内行。在二者之中，德是核心。具体来说，农村幼儿园园长的素质包含三个方面：政治思想与道德素质、文化专业素质和领导管理素质。

（一）政治思想与道德素质

《幼儿园园长专业标准》指出，合格的幼儿园园长坚持"以德为先"的办园理念，具体做到"坚持社会主义办园方向和党对教育的领导，贯彻党和国家的教育方针政策，将社会主义核心价值观融入幼儿园工作，履行法律赋予园长的权利和义务，主动维护儿童合法权益；热爱学前教育事业和幼儿园管理工作，具有服务国家、服务人民的社会责任感和使命感；践行职业道德规范，立德树人，关爱幼儿，尊重教职工，为人师表，勤勉敬业，公正廉洁"。园长的政策水平、思想作风、事业心和责任感，对于带动一支具备良好素质的教职工队伍、形成良好的园风园貌有直接影响，同时也对办好农村幼儿园、完成双重任务起着至关重要的作用。

1. 政策思想素质

园长的政治思想素质体现在政治理论水平和法律意识、事业心和责任感上。

首先，园长必须认真学习政治理论，全面理解国家各项法规方针政策，能在实践中有效加以贯彻和运用。《幼儿园工作规程》对园长职责的首要规定是"贯彻执行国家的有关法律、法规、方针、政策和上级主管部门的规定"。园长要坚持正确的办园方向和指导思想，敏锐觉察方针政策执行中的错误倾向，迅速予以纠正。依法保护幼儿的权益，依法维护农村幼儿园和教师的权益，使农村幼儿园的发展跟上时代及社会发展的步伐。

其次，园长对学前教育事业必须具有高度的事业心和责任感。园长要充分认识自己所从事工作的重大意义，热爱学前教育事业，不断提高保育和教育工作的质量，始终对工作怀有浓厚的兴趣和饱满的热情，自觉维护幼儿和教师的各项合法权益。

2. 道德素质

根据《幼儿园园长专业标准》规定，园长应"践行职业道德规范，立德树人，关爱幼儿，尊重教职工，为人师表，勤勉敬业，公正廉洁"。

一方面，园长应保持优良的领导作风。园长应光明磊落，实事求是，严于律己，勇于承担责任；应豁达大度，宽以待人；应能妥善处理各种事情和矛盾，营造人人心情舒畅、和谐宽松的人际环境；应当树立正确的群众观念，作风民主，平等待人，善于调动群众积极性；应汲取群众智慧，不断改进领导工作。园长应成为全园教职工的榜样和楷模，成为教职工的教师。

另一方面，园长应锐意改革创新，从管理工作实际出发，继承我国传统管理思想的优势，借鉴国外管理思想的精华，在管理实践中不断探索，反思调整，总结概括出成功的本土化管理经验和经营模式，带领农村幼儿园获得可持续发展。

（二） 文化专业素质

园长要有真才实学，要有基本的文化科学知识，要熟悉农村幼儿园的业务，掌握教育管理的相关理论，实现对农村幼儿园的专业化领导。

1. 基本的文化素养

园长要有丰富的文化科学知识，具备一定的语言表达能力。园长应有较强的求知欲，在当前科技飞速发展的新时代，不应满足于已有学历和知识水平，要有更新知识的紧迫感，要不断学习和吸收现代科学知识，关注社会的新变化，开阔视野，培养广泛的兴趣爱好，丰富自己的精神世界。园长应能从繁忙的管理工作中抽出时间学习。较高的文化素养有助于园长进一步陶冶高尚的情操，深刻理解学前教育事业的意义。

2. 较强的专业素养

园长应具备幼儿师范学校（含职业学校幼教专业）毕业以上学历。园长应加强业务素养，了解学前教育理论，掌握教育科学相关知识和卫生保健知识，了解幼儿年龄特点和身心发展规律，能据此部署和指导工作，使农村幼儿园各项工作建立在科学研究的基础上。

作为引领园长专业发展的基本准则，《幼儿园园长专业标准》规定了合格园长应具备的专业素质，每个方面分别从专业理解与认识、专业知识与方法、专业能力与行为三个方面提出具体要求。

（三） 领导管理素质

园长对办好农村幼儿园所发挥的作用是毋庸置疑的。园长必须提高领导管理素质，不断提高工作效率和管理水平。园长的领导管理素质主要表现在以下方面。

1. 组织指挥能力

园长的组织指挥能力包括两个方面，一是决策指挥能力，二是交流协调能力。园长作为一园之长，要做的工作是"出主意、用干部"。一方面，园长要了解农村幼儿园的整体情况，能做出正确分析判断，统领全局，从总体上进行决策规划，拍板定夺；善于用人，能调动人的积极性，与人交流沟通，协调人际关系，善于与人共事合作，妥善处理与上级、同事及下属的关系，协调好农村幼儿园与外部的关系。另一方面，园长应成为好的组织者和交流者，善于授权，能为组织成员做出成绩创造条件，通过发动和影响让他人表现被别人所知，使全园每名教职工或所在集体能有所作为和创新。

2. 创新进取和能力

园长要有远见卓识，充分了解本园的基本工作条件和实际，不满足于已取得的成绩，能够清楚地意识到工作中存在的缺点和问题，不断更新教育观念，使工作经常处于主动状态。园长要学习从宏观角度看问题，站得高，看得远，了解社会发展和改革的动向，清醒预见社会改革对学前教育和农村幼儿园管理提出的新要求。园长要能根据教育发展趋向规划农村幼儿园的未来，不要消极被动应付环境的变化，而要立足本园实际，主动调整适应，开拓新的发展领域，为组织发展规划蓝图，决定组织的未来方向与风格。园长要不断更新自己的文化专业知识，了解教育发展规律，正确认识教育与社会发展的关系，不断改革创新，更好地实现教育理念，发挥学前教育的服务功能。园长要以正确的教育思想和管理思想影响教职工，激发全园教职工进取向上的精神，带领他们不断取得新的工作成绩。

案例

幼儿园新调来一位30岁出头的王园长。她在全园教职工大会上的第一次讲话就给大家留下了深刻的印象：谦和率直、真诚务实、干练有魄力。她把提高保教质量放在第一位，上任没几天，就深入一线看班。早上8:30，王园长随机来到齐老师的班上，说要看看活动。齐老师很紧张，王园长告诉她平时怎样就怎样。齐老师按计划开展了"奇妙的种子"活动，王园长高兴地看着幼儿，有时也参与其中。不知不觉到了9:30，王园长跟齐老师约好午休时讨论一下今天的活动……等幼儿睡着了，王园长悄悄来到班上，她先请齐老师谈了上午活动的设计思路和对今天活动效果的看法，然后从自己的角度提出了改进建议，齐老师感觉收获很大。整个交谈过程平等而自然，齐老师早就忘了最初的紧张，发自内心地说："希望您以后经常来看班。"别的教师听说了，也纷纷要求园长去看班。

摘自：刘苏. 现代幼儿园管理：理论与实践［M］.
天津：天津社会科学院出版社，2003：164－165.

分析

营造育人文化、领导保育教育工作、引领教师成长，这些都是园长必备的专业素质。园长经常深入保教工作第一线并加强指导，深入提高保教工作质量，是加强农村幼儿园管理工作的有效措施，也是农村幼儿园以质量求生存的有效保证。

案例中，王园长上任之初就去看班，对教师的保教实践提供具体、有针对性的指导，这是引领教师专业成长的有效措施。齐老师感觉收获很大，说明王园长具有较强的保教专业素养，具备指导教师保教实践的能力。同时，谦和率直、真诚务实的个人风格和平等自然的沟通能力，也在农村幼儿园营造了和谐、向上的育人文化。王园长的这些做法反映出她具备很强的专业素质。

提 示

《幼儿园园长专业标准》指出，园长应"牢固树立终身学习的观念，将学习作为园长专业发展、改进工作的重要途径；优化专业知识结构，提高科学文化艺术素养；与时俱进，及时了解国内外学前教育改革与发展的趋势；注重学习型组织建设，使幼儿园成为园长、教师、家长与幼儿共同成长的家园"。作为农村幼儿园的领导者，园长要有清醒的自我认识。要成为称职的领导者，园长要把《幼儿园园长专业标准》作为自身专业发展的基本准则，制定自我专业发展规划，爱岗敬业，增强专业发展自觉性，主动参加园长培训和自主研修活动，不断提升专业发展水平，努力成为学前教育和农村幼儿园管理专家。

---------------------------- **延 · 伸 · 阅 · 读** ----------------------------

园长领导力

领导力是园长领导管理素质的核心，主要包括以下四个方面。第一，科学决策。园长的主要职责就是决策。园长必须以系统的思路和全新的观念，结合本园实际，适时进行科学决策。第二，确立发展目标。园长必须根据工作需要不断确立出适宜的发展目标，以目标导向管理工作。发展目标应结合幼儿园的长远发展、地区特色和本园课程、教师的实际，反映全园教职工的共同愿景。第三，协调公共关系。园长对内要加强与教职工的沟通，和他们建立和谐的同事关系，在了解教职工心理需求的基础上，对他们的职业生涯规划进行指导，增强教职工的归属感和凝聚力；对外要主动处理好与上级教育行政部门、相关管理部门、幼儿家长和所在社区的关系，为幼儿园发展营造良好的外部环境。第四，善用激励功能。园长应结合考核奖惩制度和绩效激励机制，对教职工进行精神和物质上的激励，提升团队竞争力。

第二节
农村幼儿园园长的领导职责与工作要点

一、农村幼儿园园长的领导职责

要想真正当好管理者，园长必须明确自己的领导职责，从工作绩效衡量自己的管理成效。农村幼儿园园长的领导职责，同其他园长一样，在国家相关文件中有明确规定。

如《全国幼儿园园长任职资格、职责和岗位要求（试行）》对园长的职责做出如下规定。

1. 贯彻执行党和国家有关幼儿教育的方针、政策以及教育法规、规章，坚持正确的办园方向。

2. 负责教职工的政治思想工作、职业道德教育，组织文化、业务学习；维护教职工的正当权益，关心并逐步改善教职工的生活和工作条件。

3. 主持幼儿园的保教工作。领导和组织安全保卫、卫生保健工作，贯彻有关的法规和规章，确保幼儿在园安全、卫生和健康；领导和组织教育工作，贯彻执行国家幼儿园课程标准，促进幼儿身心和谐发展。

4. 领导和组织行政工作，包括工作人员的考核、任免和奖惩及园舍、设备和经费管理等。

5. 密切与家长和社区的联系，向家长和社区宣传正确的教育思想和科学育儿知识，争取家长和社区支持幼儿园工作。

再如《幼儿园工作规程》对园长的职责做出了如下规定。

1. 贯彻执行国家的有关法律、法规、方针、政策和上级主管部门的规定。

2. 领导教育、卫生保健、安全保卫工作。

3. 负责建立并组织执行各种规章制度。

4. 负责聘任、调配工作人员。指导、检查和评估教师以及其他工作人员的工作，并给予奖惩。

5. 负责工作人员的思想工作，组织文化、业务学习，并为他们的政治和文化、业务进修创造必要的条件；关心和逐步改善工作人员的生活、工作条件，维护他们的合法权益。

6. 组织管理园舍、设备和经费。

7. 组织和指导家长工作。

8. 负责与社区的联系和合作。

案例

"李园长自罚啦！"消息在幼儿园很快传开了。有人说："这回领导看来是动真格的了！"李园长为什么自罚？原来是她违反了园里"必须使用普通话"的规定。前不久，园务会议根据家长和教师资格相关政策的要求，制定了一项规定：全国人员工作期间一律讲普通话。遵守规定者，给予表扬和鼓励。违反规定者，提出批评，处以一定数额的罚款。但是，教师习惯了在班里说方言，行政后勤人员也认为自己没必要讲普通话，所以大家对这项规定一直抱观望态度。

一天，李园长在参加教研活动时，表扬了做课的王老师。可是，大家一片哗然，原来李园长说的是方言！李园长这才意识到自己说错话了。有人小声说："这回有好戏看了！"在全园会上，分管工作的副园长宣布："园长违反规定，从当月奖金中扣除 10 元，以示警醒。"有人想为李园长辩解，只见李园长站起来，用标准的普通话说："制度面前，人人平等。希望我是被罚的第一人，也是最后一人。"半年过去了，自觉讲普通话已成为全体教职工的职业习惯。

摘自：刘苏. 现代幼儿园管理：理论与实践 ［M］.
天津：天津社会科学院出版社，2003：172－173.

分 析

正确决策是管理者必备的素质要求，也是管理卓有成效的标志。决策一旦形成规定，就要"言必信、行必果"。首先，李园长自罚体现了领导决策的严肃性，维护了管理制度和规定的权威，让教职工深刻认识到：遵守制度和规则没商量，不要再对制度和规定是否执行持观望态度。其次，李园长自罚展现了领导者的诚信品质，有助于发挥园长非权力的影响力。最后，李园长带头接受处罚，态度真诚、守信，体现了其诚信的人格品质和良好工作作风，同时也为全园教职工做出表率，带动教职工自觉讲普通话。

提 示

要履行好自身的管理职责，园长应特别注意四个方面的问题。 第一，从繁杂的事务中解脱出来。 要避免被会议、接待、填写报表等事务性工作牵扯太多时间，把更多精力放在规划农村幼儿园发展、加强教职工队伍建设等重大问题上。 第二，要处理好权力和责任的平衡关系。 如果权力大于责任，就会出现滥用职权、不负责任的现象。 如果有责任无权力，就会出现指挥不灵、贻误工作的现象。 第三，要增强分层管理意识。 在管理工作中，园长不能事必躬亲、事无巨细地都亲自过问，要采取分层管理的做法，调动每个层面、每个岗位管理人员的积极性，发挥他们的作用。 第四，要提高自身的非权力性影响力。 园长通过自身的素质能力、人格魅力而不是权力去影响教职工，以诚信感染和凝聚人，提高管理效率。

------------------------------------ 延·伸·阅·读 ------------------------------------

实行园长负责制的基本要求

《幼儿园工作规程》第九章"幼儿园的管理"的第五十二条规定："幼儿园实行园长负责制。园长在举办者和教育行政部门领导下，依据本规程负责领导全园工作。"

园长负责制，指园长是幼儿园行政的最高负责人、幼儿园的法人代表，对内全面负责管理工作，对外代表幼儿园，有决策、指挥等权力。实行园长负责制，一是要建立、实行科学完善的管理制度，如园长任期目标责任制、教职工聘任合同制等；二是要保证幼儿园领导结构的合理化，领导成员要优势互补、比例配置适当；三是要落实园长任期目标责任制，明确园长在任职期间内可实现的幼儿园发展规划及管理制度。

贯彻这一制度时要做到：确定园长任职期限；针对任期内幼儿园的发展要求设计并制定三年发展规划；根据幼儿园实际情况和发展的需要，按学年调整和修改规划；按期接受上级教育行政部门的考核和验收。

摘自：刘苏. 现代幼儿园管理：理论与实践［M］.
天津：天津社会科学院出版社，2003：135－136.

二、农村幼儿园园长的工作要点

园长是农村幼儿园的决策者，必须清楚自己在职责范围内必须解决的核心问题。园长必须抓住工作中最关键的方面，抓大事，统全局。农村幼儿园园长的主要工作包括以下几方面。

（一）　坚持正确的教育思想

能否坚持正确的教育思想，决定了园长管理水平的高低。园长的教育思想直接影响农村幼儿园的教育过程和管理质量，决定了农村幼儿园发展的可持续性。

办园思路和宗旨，是园长教育思想的具体化，是为园所设定的组织发展目标，其中最关键的是办什么样的园、怎么办园、培养什么样的人、如何培养人。办园思路和宗旨既要反映出具有普遍指导意义的教育思想，又应立足于本园实际，使二者有机结合。园长要以正确的教育思想为指导，确立办园思想和宗旨，使之成为全园教职工共同的价值追求。

（二）　把保教工作作为中心任务

保育和教育幼儿是农村幼儿园全部工作的中心。农村幼儿园的一切工作都要围绕保教工作展开。园长应树立把保教工作为中心任务的管理理念，带领全园教职工认真学习《幼儿园工作规程》《幼儿园管理条例》《幼儿园教育指导纲要（试行）》《3—6岁儿童学习与发展指南》等学前教育法规政策文件。在认真、准确分析本园实际的基础上，园长带领教职工制订符合本园幼儿发展需要、教师发展需要的保教工作计划，并以这项工作为中心，制订全园发展规划和工作计划，同时引导教职工牢固树立保教结合的思想，将做好保教工作、有效促进幼儿全面发展作为根本任务。

（三）　建立有效的管理体系

园长应根据国家有关规定，结合本园实际，建立合理的农村幼儿园组织管理系统，选聘优秀的教职工，使各组织、各层次发挥其应有职能；应通过制定切实可行、明确具体的各项工作及各类人员的规章制度，使各部门职责分工明确，有章可循，从而使全园工作协调、有序进行。

园长应定期召开园务会议，对全园工作计划、工作总结、人员奖惩、财务预算和决算方案，规章制度的建立、修改、废除以及其他涉及全园工作的重要问题进行审议；应根据国家及上级的方针政策和社区对学前教育的要求，考虑本园的人力、物力、财力等各方面条件，规划农村幼儿园的发展，制订全园工作计划；协调各部门的工作关系，确保各方面工作对保教工作的配合，保证农村幼儿园管理工作正常运转。

（四） 加强教职工队伍建设

农村幼儿园的各项工作要靠人去推动和实行，管理要以人为本，抓好队伍建设。园长应充分认识到教职工队伍建设对农村幼儿园双重任务和工作目标完成的重要意义，通过有效的沟通和管理，特别是提供支持和服务，使作为组织成员的教职工能以最饱满的精神状态投入工作，在组织任务完成的同时实现教职工个人的专业成长，建设一支优秀的团队，形成良好园所精神风貌。

园长应全面了解和关心全园教职工的工作和生活问题、业务状况，合理安排他们的工作，用人所长。要把用人与激励、用人与培养相结合，充分调动教职工的积极性。在提高教职工业务能力的同时，加强职业道德建设和园风建设。

园长应花费大量时间就保教工作和专业成长与教师进行平等沟通和交流，帮助教师发现不足，有效改进保教工作。园长要对新教师要给予特别关注，帮助他们做好职业生涯规划并进行具体的业务指导，使他们尽快适应农村幼儿园工作，如为新教师安排经验丰富的师傅，以老带新的方式帮助新教师在实践中了解幼儿、改进教育教学工作，帮助他们尽快胜任工作岗位，逐步实现专业成长。

（五） 密切与家庭、 社区的联系

首先，家长工作是农村幼儿园管理的重要内容。家庭对幼儿园教育质

量具有重要影响。同时，家长作为农村幼儿园的服务对象，有权监督评价和参与幼儿园的工作。园长必须把家长工作放到与保教工作同等重要的位置上，通过家长工作实现农村幼儿园与社区的联系。

其次，农村幼儿园的发展必须与社区密切联系，了解社区需求，主动为社区提供教育服务，使农村幼儿园工作融入社区，实现农村幼儿园与社区的双向互动。一方面，园长要熟悉所处的社区，鼓励教职工参加社区活动，增进教师对要入园幼儿及其家庭的了解。另一方面，园长要向社区介绍农村幼儿园，让社区公众了解农村幼儿园，借此宣传农村幼儿园，树立形象，扩大影响。

案例

一天上午，林园长正在办公室思考年度工作计划，只见一位女性气冲冲地走了进来："你们园的老师是怎么搞的？凭什么罚我儿子半天不许玩？这样的老师应该马上辞退！"林园长安抚之后了解到：她是中二班明明的妈妈，因孩子回家对她说"老师让我半天不准玩"，所以着急了。林园长说："童言无欺，如果确实是我们老师的问题，我代表幼儿园向您道歉。请给我们时间去了解情况，一定给您一个满意的答复。"明明妈看园长态度诚恳，同意了。之后，林园长找来中二班新入职的胡老师，问明了事情的经过。原来，明明太淘气，满教室跑来跑去不听话，胡老师怕他摔伤或者撞到别的小朋友，就吓唬他说"你再乱跑，我就让你半天不准玩"，其实只是让他安静坐了5分钟。林园长将这个情况向明明妈做了详细说明，并再次道歉。明明妈觉得自己错怪了胡老师，也表示谅解。事后，林园长专门和胡老师讨论了和幼儿沟通的技巧，鼓励她多采用正面教育的方式，胡老师欣然接受了这些建议。

摘自：刘苏. 现代幼儿园管理：理论与实践 ［M］.
天津：天津社会科学院出版社，2003：158－159.

分析

案例中，林园长对气冲冲的明明妈给予了足够的尊重，接纳了她的愤怒，倾听了她的不满，耐心解释事情的经过，诚恳道歉……这些都体现了园长把家长作为幼儿园服务对象和保教工作合作伙伴的管理理念，也体现了园长良好的职业道德。同时，林园长对新教师胡老师也给予了较多的关心。她没有因为明明妈告状就先批评胡老师，而是听她先介绍事情的详细经过，再专门和她讨论如何提高与幼儿沟通的技巧。对于新教师来说，园长的这些做法无疑是莫大的鼓励和支持，有助于新教师的快速成长。

提示

农村幼儿园园长的主要工作和园长的领导职责息息相关。园长在确定自己的工作要点时，应该紧密结合自己的领导职责开展工作。在安排各项主要工作时，园长必须明确农村幼儿园的一切工作都要围绕保教工作展开。正确的教育思想、有效的管理体系、合理的教职工队伍建设、与家庭及社区的密切联系等，都应围绕保教工作的顺利开展和质量提高来进行。各项工作应按重要程度安排优先次序，园长按照轻重缓急处理好重要事项。

-------------------------- 延 伸 阅 读 --------------------------

园长的时间管理策略

管理不仅是对物质资料、资金的合理安排配置，还包括对时间的管理。园长要有效利用时间，合理安排工作，就要了解自己的时间利用情况，在分析后制订出管理时间的计划，提高工作效率。可以将自己最近一周的工作内容逐一列出，详细记录时间的实际耗用和工作完成情况，然后自我检查工作效率，进一步分析原因，加以调整改进。具体可从以下几方面进行分析。

1. 本周做了哪些工作？各占了多少时间？各类工作所用时间排序情况

如何？

2. 在本周所做工作中，哪些是主要的？哪些是次要的？本周计划外或临时性工作所占时间如何？

3. 在本周所做工作中，哪些是必须由园长本人去做的？哪些是可以交给别人去办的？有无出现超越职责权限的情况？

4. 工作完成情况怎样？有无时间浪费现象？有无浪费别人的时间？哪些工作是无效的？原因何在？

5. 本周工作是否超出法定时间？

另外，园长还可引导各部门、各岗位的工作人员，分析各自的时间利用情况，不断提高工作效率。园长要注意加强对班级教师工作的指导，改变班级管理中存在的时间浪费现象。

摘自：张燕. 幼儿园管理 [M]. 北京：人民教育出版社，2008：292.

────〔思〕──〔考〕────

1. 农村幼儿园园长的素质要求包括哪些？
2. 农村幼儿园园长的工作要点包括哪些？

相关政策法规

1.《全日制、寄宿制幼儿园编制标准（试行）》（1987 年）

2.《幼儿园管理条例》（1989 年）

3.《关于改进和加强学前班管理的意见》（1991 年）

4.《中华人民共和国未成年人保护法》（1991 年）

5.《中华人民共和国教师法》（1993 年）

6.《国务院关于贯彻实施〈中华人民共和国教师法〉若干问题的通知》（1993 年）

7.《中华人民共和国教育法》（1995 年）

8.《国家教委关于实施〈中华人民共和国教育法〉若干问题的意见》（1995 年）

9.《国家教委关于〈中华人民共和国教师法〉若干问题的实施意见》（1995 年）

10.《教师资格条例》（1995 年）

11.《全国幼儿园园长任职资格、职责和岗位要求》（1996 年）

12.《幼儿园工作规程》（1996 年）

13.《国家教委关于正式实施〈幼儿园工作规程〉的意见》（1996 年）

14.《〈教师资格条例〉实施办法》（2000 年）

15.《幼儿园教育指导纲要（试行）》（2001 年）

16.《中华人民共和国民办教育促进法》（2002 年）

17.《关于幼儿教育改革与发展的指导意见》（2003 年）

18.《国务院关于进一步加强农村教育工作的决定》（2003 年）

19.《中华人民共和国民办教育促进法实施条例》（2004 年）

20.《中小学幼儿园安全管理办法》（2006 年）

21.《教育部关于加强民办学前教育机构管理工作的通知》（2007 年）

22.《国家中长期教育改革和发展规划纲要（2010—2020 年）》（2010 年）

23.《国务院关于当前发展学前教育的若干意见》（2010 年）

24.《关于加大财政投入支持学前教育发展的通知》（2011 年）

25.《教育部关于规范幼儿园保育教育工作 防止和纠正"小学化"现象的通知》（2011 年）

26.《幼儿园收费管理暂行办法》（2011 年）

27.《幼儿园教师专业标准（试行）》（2012 年）

28.《学前教育督导评估暂行办法》（2012 年）

29.《托儿所幼儿园卫生保健工作规范》（2012 年）

30.《教育部 中央编办 财政部 人力资源社会保障部关于加强幼儿园教师队伍建设的意见》（2012 年）

31.《3—6 岁儿童学习与发展指南》（2012 年）

32.《幼儿园教职工配备标准（暂行）》（2013 年）

33.《幼儿园园长专业标准》（2015 年）

34.《中央财政支持学前教育发展资金管理办法》（2015 年）

35.《教育部 财政部关于改革实施中小学幼儿园教师国家级培训计划的通知》（2015 年）

参考文献

1. 蔡海拉. 在现场中成长：非学前教育专业幼儿教师入职适应个案研究 [D]. 上海：华东师范大学，2009.

2. 陈帼眉，姜勇. 幼儿教育心理学 [M]. 北京：北京师范大学出版社，2007.

3. 崔新玲. 农村幼儿园转岗教师职业适应研究——以甘肃省为例 [D]. 西安：陕西师范大学，2012.

4. 刁玲. 幼儿园新教师入职需求和保障的研究——以攀枝花市为例 [D]. 成都：四川师范大学，2012.

5. 高云. 农村幼儿教师专业培训需求分析 [D]. 武汉：华中师范大学，2013.

6. 郭蕊. 幼儿园转岗教师阶梯式培养 [J]. 黑龙江教育学院学报，2013（9）.

7. 黄人颂. 学前教育学 [M]. 北京：人民教育出版社，1989.

8. 李季湄，肖湘宁. 幼儿园教育 [M]. 北京：北京师范大学出版社，1997.

9. 李生兰. 幼儿园与家庭、社区合作共育的研究 [M]. 上海：华东师范大学出版社，2003.

10. 刘苏. 现代幼儿园管理：理论与实践 [M]. 天津：天津社会科

学院出版社，2003.

11. 深圳市投资控股有限公司幼教管理中心. 幼儿学习环境的创设 [M]. 北京：北京师范大学出版社，2014.

12. 沈芝莲，杨植正. 农村幼儿家庭教育实例集锦 [M]. 北京：人民教育出版社，2007.

13. 宋静，王侠. 幼儿教师入职教育中师徒结对模式的构建策略 [J].学前教育研究，2012（9）.

14. 宋寅喆. 我国农村幼儿教师培训需求现状与对策研究 [D]. 上海：华东师范大学，2012.

15. 孙凌毅. 促进初入职幼儿园教师岗位适应的策略与措施 [J]. 学前教育研究，2010（8）.

16. 王化敏. 给幼儿教师的一把钥匙——幼儿教师教育实践策略指导 [M].北京：教育科学出版社，2008.

17. 文红欣. 幼儿园组织与管理 [M]. 北京：教育科学出版社，2012.

18. 翟理红，张剑辉. 农村幼儿园转岗教师培训策略分析——以贵州省为例 [J]. 中国教育学刊，2013（8）.

19. 张彩霞. 新教师入职初期适应现状及对策研究 [D]. 大连：辽宁师范大学，2010.

20. 张莅颖. 幼儿园管理基础 [M]. 石家庄：河北大学出版社，2012.

21. 张燕. 幼儿园管理 [M]. 北京：人民教育出版社，2008.

22. 中国学前教育研究会. 中华人民共和国幼儿教育重要文献汇编 [G]. 北京：北京师范大学出版社，1999.

23. 周晓娟. 南京市幼儿园园本教研现状和问题的研究 [D]. 南京：南京师范大学，2011.

出　版　人　　所广一
责任编辑　　赵建明
版式设计　　沈晓萌
责任校对　　贾静芳
责任印制　　叶小峰

图书在版编目（CIP）数据

农村幼儿园管理/梁慧娟编著.—北京：教育科
学出版社，2015.12（2023.12重印）
　（农村幼儿园保育教育指导丛书）
　ISBN 978－7－5191－0086－5

　Ⅰ．①农…　Ⅱ．①梁…　Ⅲ．①农村—幼儿园—管理
Ⅳ．①G617

中国版本图书馆 CIP 数据核字（2015）第 316155 号

农村幼儿园保育教育指导丛书
农村幼儿园管理
NONGCUN YOU'ERYUAN GUANLI

出版发行	教育科学出版社				
社　　址	北京·朝阳区安慧北里安园甲 9 号	**市场部电话**	010－64989572		
邮　　编	100101	**编辑部电话**	010－64989365		
传　　真	010－64891796	网　　址	http://www.esph.com.cn		
经　　销	各地新华书店				
制　　作	北京博祥图文设计中心				
印　　刷	唐山玺诚印务有限公司				
开　　本	720 毫米×1020 毫米　1/16	版　　次	2015 年 12 月第 1 版		
印　　张	12.5	印　　次	2023 年 12 月第 3 次印刷		
字　　数	142 千	定　　价	38.00 元		

如有印装质量问题，请到所购图书销售部门联系调换。